Jörg Krampe / Rolf Mittelmann

Grammatik-
übungsspiele
für die Klasse 2

30 Kopiervorlagen zur Sprachbetrachtung

Verlag Ludwig Auer Donauwörth

Gedruckt auf umweltbewußt gefertigtem, chlorfrei gebleichtem
und alterungsbeständigem Papier.

1. Auflage. 1994
© by Ludwig Auer GmbH, Donauwörth. 1994
Alle Rechte vorbehalten
Gesamtherstellung: Ludwig Auer GmbH, Donauwörth
ISBN 3-403-02429-6

Inhaltsverzeichnis

Inhalt		Spielform	Spiel-Nr.
Wort	Nomen erkennen	Ja-Nein-Spiel	1.1.1.1
– Nomen	Singular/Plural	(Flächen-)Domino	1.1.2.1
		Puzzle	1.1.2.2
		Bilder aus Punkten	1.1.2.3
		Ausmalen	1.1.2.4
	Verkleinerungsform	(Streifen-)Domino	1.1.3.1
		Geheimschrift	1.1.3.2
– Verb	Verben erkennen	Puzzle	1.2.1.1
		Ausmalen	1.2.1.2
	Personalform/ Grundform	(Streifen-)Domino	1.2.2.1
		Memory	1.2.2.2
		(Kreis-)Domino	1.2.2.3
– Adjektiv	Adjektive erkennen	Bilder aus Punkten	1.3.1.1
		Ja-Nein-Spiel	1.3.1.2
	Komparativ	Puzzle	1.3.2.1
		(Kreis-)Domino	1.3.2.2
– bestimmter Artikel	Artikel erkennen	Puzzle	1.4.1.1
		Bilder aus Punkten	1.4.1.2
	Zuordnung Artikel – Nomen	Ja-Nein-Spiel	1.4.2.1
		Fehlersuche	1.4.2.2
		Ausmalen	1.4.2.3
– gemischt	Wortarten unterscheiden	Geheimschrift	1.5.1.1
		Kreuzworträtsel	1.5.1.2
		Ja-Nein-Spiel	1.5.1.3
		Puzzle	1.5.1.4
		Bilder aus Punkten	1.5.1.5
		Ausmalen	1.5.1.6
Satz	Satzzeichen (., ?, !)	Ausmalen	2.1.1
		Memory	2.1.2
		Geheimschrift	2.1.3

Vorwort

Die Untersuchung unserer Sprache fördert eine *aktive Auseinandersetzung* der Kinder mit fremdem und eigenem Sprachgebrauch. Dabei entwickeln sie *Einsichten in die Regelhaftigkeit* unseres Sprachsystems, erlernen *Sicherheit im Umgang* mit sprachlichen Formen und werden dabei *sprachlich sensibler*.

Die **grammatikalische Richtigkeit** unserer Sprache hat große Bedeutung in unserer Gesellschaft und wird häufig als *Indikator für soziale Rangstufen* angesehen. Außerdem ist sie eine Grundlage für das Erlernen von Fremdsprachen – auch im Hinblick auf die weiterführenden Schulen.

Neben regelmäßigen Übungen aus dem Sprachbuch, die dem situationsorientierten Ansatz im integrierten Grammatikunterricht folgen, benötigen vor allem die leistungsschwächeren Kinder *zusätzliche Übungshilfen*. „Sprachspiele sind bedeutsame Gelegenheiten, um Freude am experimentellen Umgang mit Sprache zu entwickeln und sprachliche Beweglichkeit zu fördern."*

Die vorliegende Sammlung von 30 Grammatikspielen erfüllt genau diese Forderung aus der Unterrichtspraxis: Die Übungen sind *sorgfältig nach den Inhalten der Klasse 2* zusammengestellt und methodisch in die bewährte Form von *Schreibspielen* gebracht. Das *fördert* die Motivation und erleichtert durch *Selbstkontrollmöglichkeiten* den *Einsatz bei innerer Differenzierung*, im *Förderunterricht*, bei *Wochenplan- und Freiarbeit*. 9 verschiedene Spielformen sorgen für den Erhalt der Übungsbereitschaft.

Diese Grammatikspiele lassen sich *unabhängig* von jedem Sprachbuch einsetzen.

---

* Vgl. Lehrplan Sprache in: Richtlinien und Lehrpläne für die Grundschule in Nordrhein-Westfalen, KM Düsseldorf 1985

Spielregeln

Ausmalen (1.1.2.4, 1.2.1.2, 1.4.2.3, 1.5.1.6, 2.1.1)

- gestellte Aufgabe lösen
- Bestimmte Felder nach Anweisung ausmalen oder Lösungszahlen im Bildteil suchen und nach Anweisung einfärben
- Selbstkontrolle: bei einfarbigen Bildern durch entsprechende Figur – bei mehrfarbigen Bildern Kontrolle durch Vergleichen

Bilder aus Punkten (1.1.2.3, 1.3.1.1, 1.4.1.2, 1.5.1.5)

- gestellte Aufgabe lösen
- Bildpunkte in der Reihenfolge der zugeordneten Lösungszahlen bzw. nach besonderer Anweisung verbinden. Bei Spiel 1.3.1.1 Zahlen einkringeln
- Selbstkontrolle: ein Bild

Domino (1.1.2.1, 1.1.3.1, 1.2.2.1, 1.2.2.3, 1.3.2.2)

- Dominoteile ausschneiden
- Dominoteile so aneinander legen, daß Wörter auf benachbarten Rändern (Dominoteilen) die geforderten Bedingungen erfüllen
- Selbstkontrolle: gemeinsames, sinnvolles Lösungsbild aller Dominoteile

Fehlersuche (1.4.2.2)

- in jedem Ring die falsche Lösung erkennen
- Kontrollbuchstaben (bei falscher Lösung) von innen nach außen in Lösungszeile notieren
- Selbstkontrolle: Lösungswort

Geheimschrift (1.1.3.2, 1.5.1.1, 2.1.3)

- Aufgabenstellung lösen
- Lösungsbuchstaben (evtl. Silben oder Wörter) aus Schlüssel oder nach Angaben im Spiel hinter den Wörtern (unter „Lösung") notieren
- Selbstkontrolle: Lösungswort oder -satz

Ja-Nein-Spiel (1.1.1.1, 1.3.1.2, 1.4.2.1, 1.5.1.3)

- Aufgabenstellungen in den Quadraten lösen und
- den entsprechenden Pfeilen folgen
- einzelne Buchstaben (Wörter) in die Lösungskästchen unter dem Rätsel eintragen
- Selbstkontrolle: Erreichen des Ziels und sinnvoller Satz in den Lösungskästchen

Kreuzworträtsel (1.5.1.2)

- Wörter einer vorgegebenen ungeordneten Liste oder einem Text entnehmen
- Wörter an passender Stelle in ein Gitter eintragen: je Buchstabe 1 Kästchen (Umlaute 1 Kästchen); Leserichtung von links nach rechts oder von oben nach unten
- Selbstkontrolle: Buchstabenzahl = Kästchenzahl; Kontrolle einzelner Buchstaben am Schnittpunkt waagrecht und senkrecht notierter Wörter; Lösungswort
- Hinweis: nur große Blockbuchstaben in Gitterkästchen notieren

Memory (1.2.2.2, 2.1.2)

- Memoryteile ausschneiden
- Teile verdeckt und nach Formen getrennt auslegen
- abwechselnd je zwei Teile aufdecken
- prüfen, ob diese Teile im Sinne der Aufgabenstellung zusammenpassen; wenn ja, sind die Teile vom Spieler gewonnen; wenn nein: Teile genau an ihren Platz verdeckt zurücklegen
- Kontrolle: durch Mitspieler; Selbstkontrolle: eindeutige paarweise Zuordnung (Strichcode)
- Tip: Partnerspiel; Sieger ist, wer die meisten Kartenpaare gewinnt
- Tip: Memoryteile auf Pappe kleben

Puzzle (1.1.2.2, 1.2.1.1, 1.3.2.1, 1.4.1.1, 1.5.1.4)

- Aufgabenstellung lösen
- Puzzleteile ausschneiden
- passende Puzzleteile (meist entsprechend der Lösungszahl) auf Spielplan auflegen
- Selbstkontrolle: Bild
- Tip: Aufkleben und ausmalen.

Nomen erkennen

Sind die Wörter Nomen (Namenwörter)? „Ja" oder „Nein"

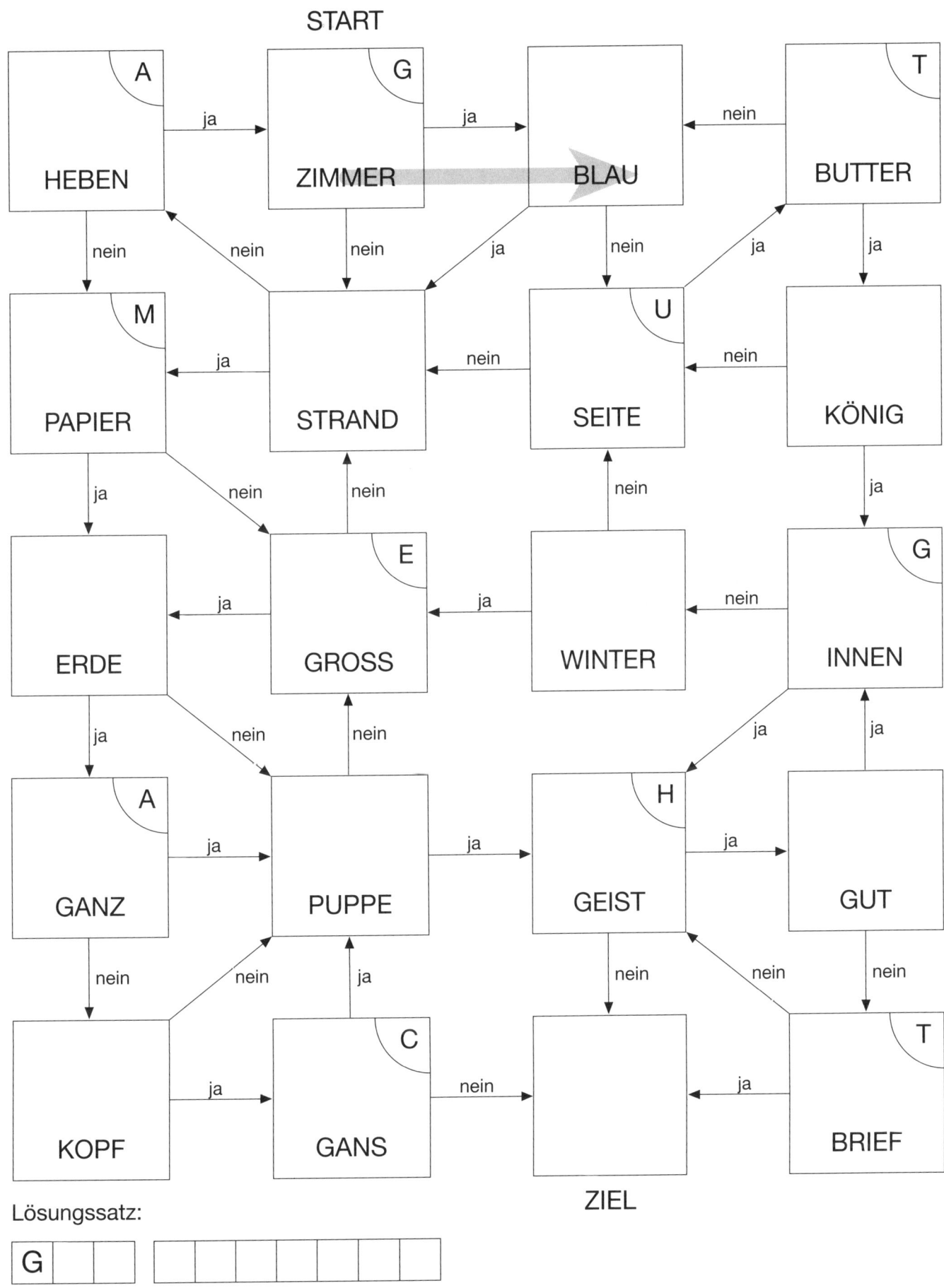

Lösungssatz: G

Lösungen:

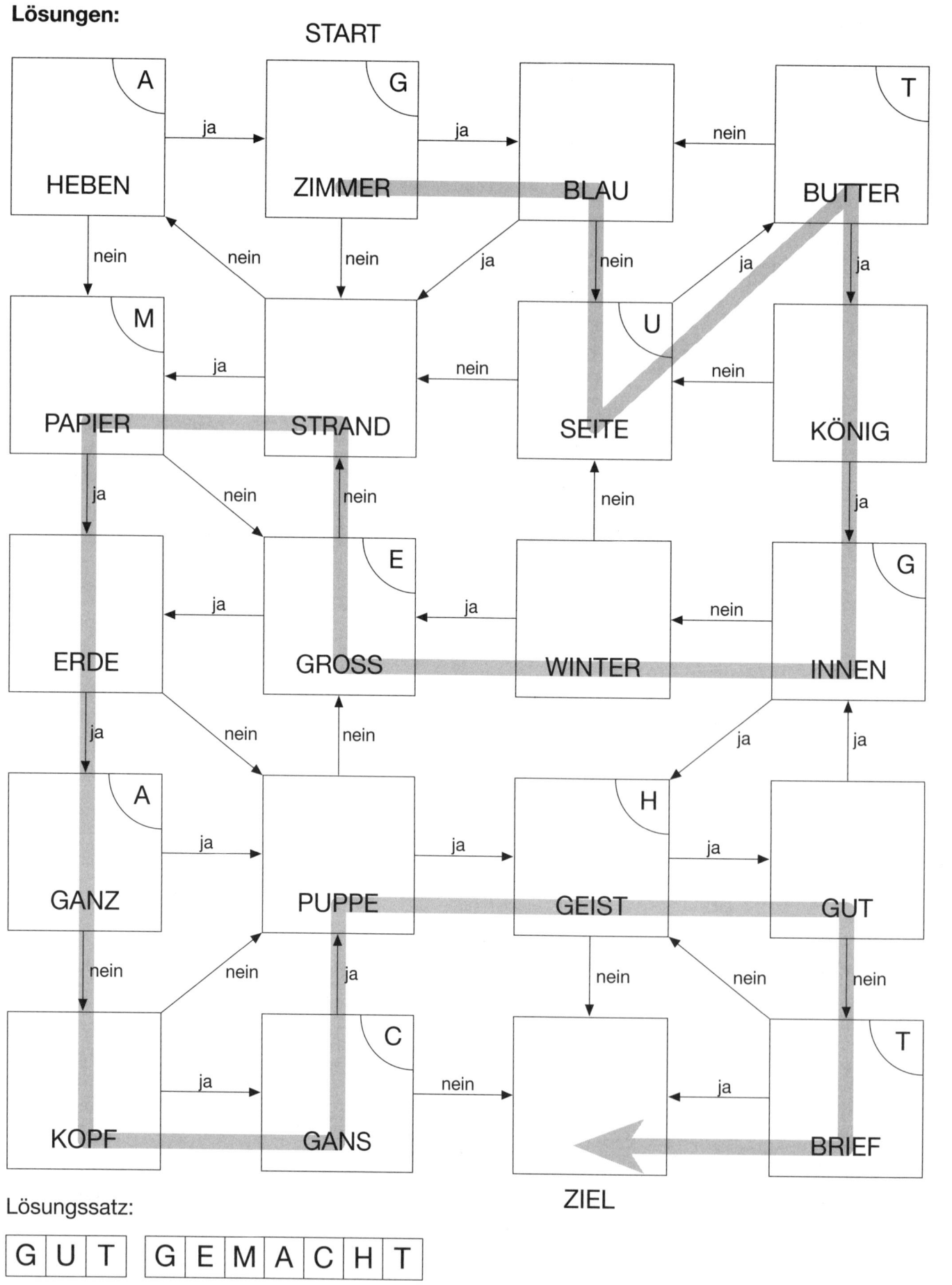

Lösungssatz:

| G | U | T | | G | E | M | A | C | H | T |

Spielregel:

- Entscheiden, ob die Wörter in den Quadraten Nomen sind: ja oder nein!
- Den entsprechenden Pfeilen folgen.
- Die Buchstaben aus den Quadraten in der Lösungsreihenfolge zum Lösungssatz unten zusammensetzen.
- Selbstkontrolle: Erreichen des Ziels und sinnvoller Lösungsspruch.

Nomen: Singular/Plural

Ordne der Singularform (Einzahl) die Pluralform (Mehrzahl) richtig zu!

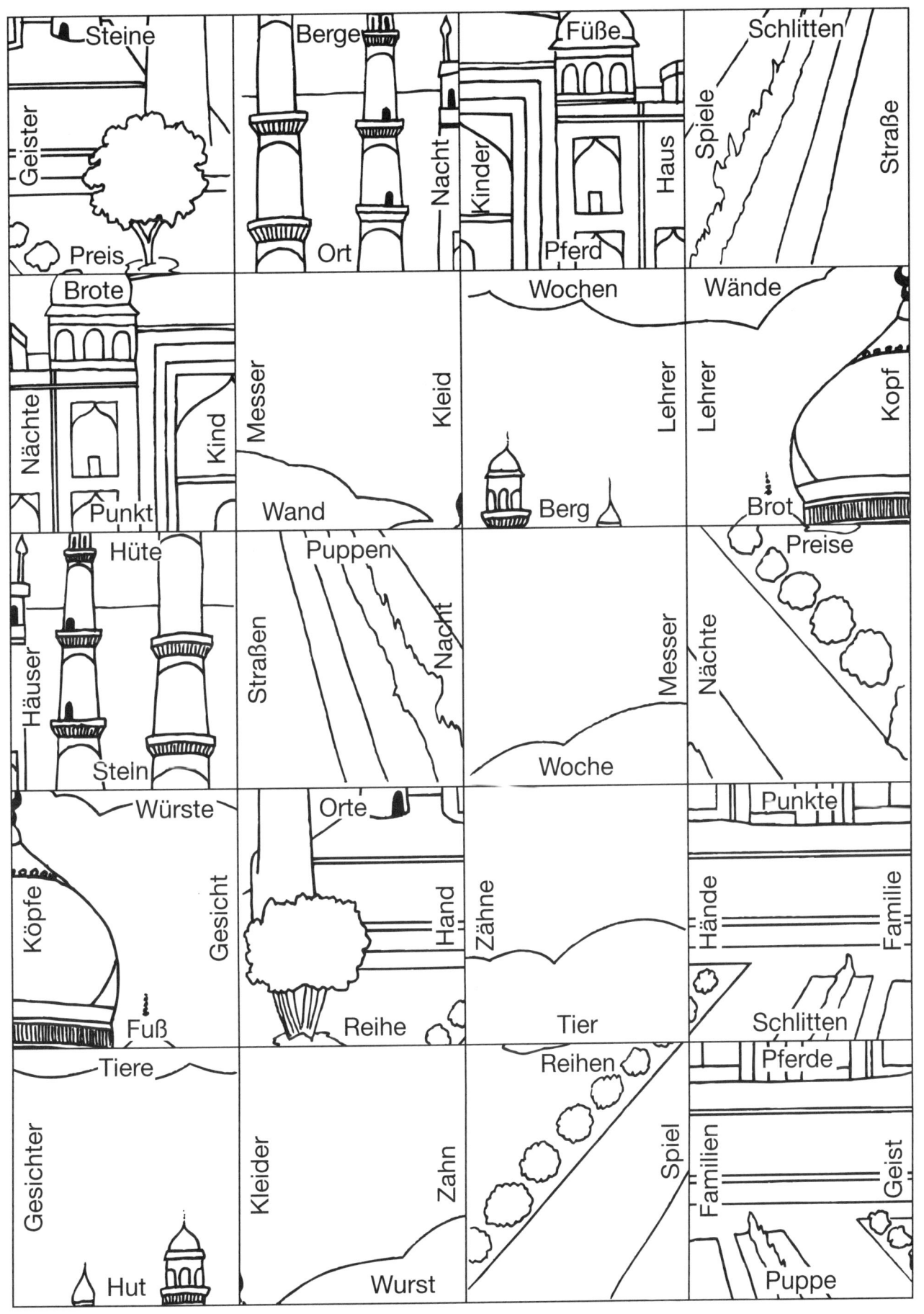

(FLÄCHEN-)DOMINO 1.1.2.1

Lösungen:

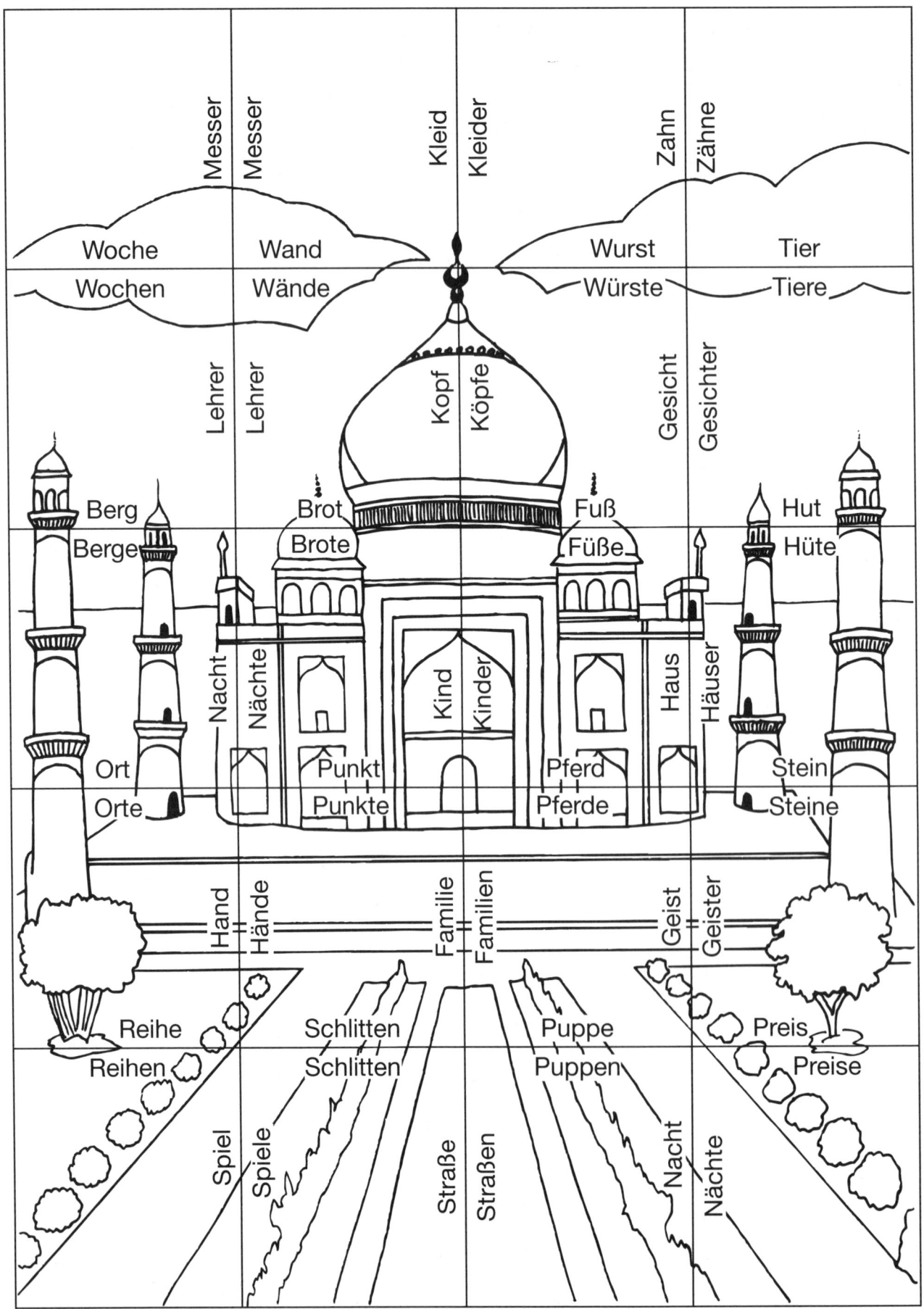

Spielregel:

- Dominoteile ausschneiden.
- Dominoteile so aneinanderlegen, daß Singular- und Pluralform sich auf benachbarten Rändern gegenüberstehen.
- Selbstkontrolle: Sinnvolles Bild aus allen Dominoteilen.
- Tip: Aufkleben und ausmalen.

Nomen: Singular/Plural

Suche die richtige Pluralform (Mehrzahl)!

das Zimmer	die Zimmers 3	die Straße	die Straßen 17	das Auto	die Autos 13	das Ende	die Enden 19	die Frau	die Fraus 15
	die Zimme 17		die Sträßen 18		die Autoren 5		die Ends 14		die Frauen 18
	die Zimmer 7		die Sträße 16		die Auto 4		die Ender 20		die Frau 16
das Wort	die Wörter 16	die Seite	die Seites 11	das Spiel	die Spiels 10	das Feld	die Felder 12	die Kasse	die Kassen 2
	die Worts 17		die Seiter 7		die Spielen 6		die Felds 4		die Kasser 15
	die Worten 11		die Seiten 3		die Spiele 20		die Felde 9		die Kästen 6
die Stunde	die Stunden 8	der Schwanz	die Schwanzen 2	der Schlitten	die Schlitten 1	der Kopf	die Köpfe 10	der Mann	die Männe 12
	die Stünde 10		die Schwänze 9		die Schlittens 5		die Kopfs 3		die Männer 11
	die Stunds 12		die Schwanz 18		die Schlitter 19		die Kopfer 19		die Manns 20
die Wand	die Wande 9	die Sonne	die Sönne 1	der Stoff	die Stoffs 8	das Messer	die Messer 5	das Licht	die Lichts 7
	die Wände 4		die Sonnen 15		die Stöffe 13		die Messers 14		die Lichte 13
	die Wands 1		die Sonns 2		die Stoffe 14		die Messe 8		die Lichter 6

Aus: Krampe/Mittelmann: Grammatik-Übungsspiele für die Klasse 2
Verlag Ludwig Auer, Donauwörth · Als Kopiervorlage freigegeben

Lösungen:

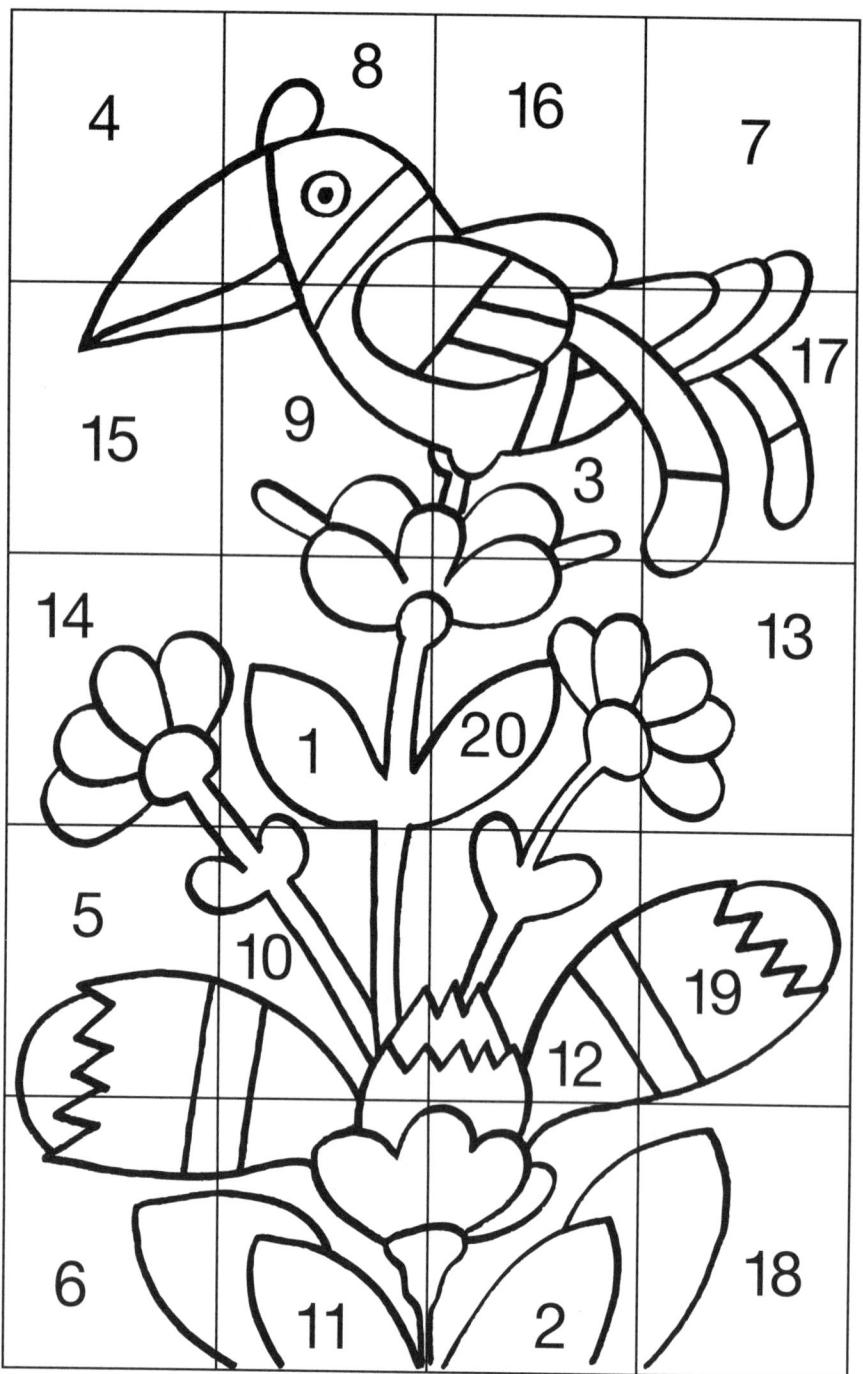

Spielregel:

- Puzzleteile (mit Bildanteil) ausschneiden.
- Aufgabenstellungen auf dem Spielplan lösen.
- Entsprechende Puzzleteile (Lösungszahlen) auf den Spielplan legen.
- Selbstkontrolle: sinnvolles Bild.
- Tip: Teile aufkleben und ausmalen.

Nomen: Singular/Plural

Suche die richtige Pluralform (Mehrzahl)!

1. die Woche	– die Wochen	⑨
	– die Wöche	1
	– die Woches	6
2. der Punkt	– die Punkten	5
	– die Punkte	②
	– die Punks	3
3. die Seite	– die Seite	5
	– die Seiter	11
	– die Seiten	16
4. der Platz	– die Plätze	15
	– die Platzen	7
	– die Platzer	10
5. die Reihe	– die Reiher	11
	– die Reihen	19
	– die Reihs	14
6. der Preis	– die Preise	17
	– die Preiser	13
	– die Preisen	6
7. der Ort	– die Örter	3
	– die Orte	18
	– die Orts	8
8. der Lehrer	– die Lehrer	21
	– die Lehrerin	10
	– die Lehrers	9
19. das Gedicht	– die Gedichte	24
	– die Gedichter	7
	– die Gedichts	23
20. die Hand	– die Hands	26
	– die Handen	13
	– die Hände	25
21. der Markt	– die Mark	10
	– die Märkte	22
	– die Marken	5
22. die Mutter	– die Mutters	11
	– die Mütter	20
	– die Mutten	14
23. der Feind	– die Feinds	16
	– die Feinder	10
	– die Feinde	12
24. der Flügel	– die Flügel	14
	– die Flügels	13
	– die Flüger	18
25. das Messer	– die Messers	13
	– die Messen	12
	– die Messer	4
26. der Mund	– die Munds	25
	– die Münder	12
	– die Munden	10

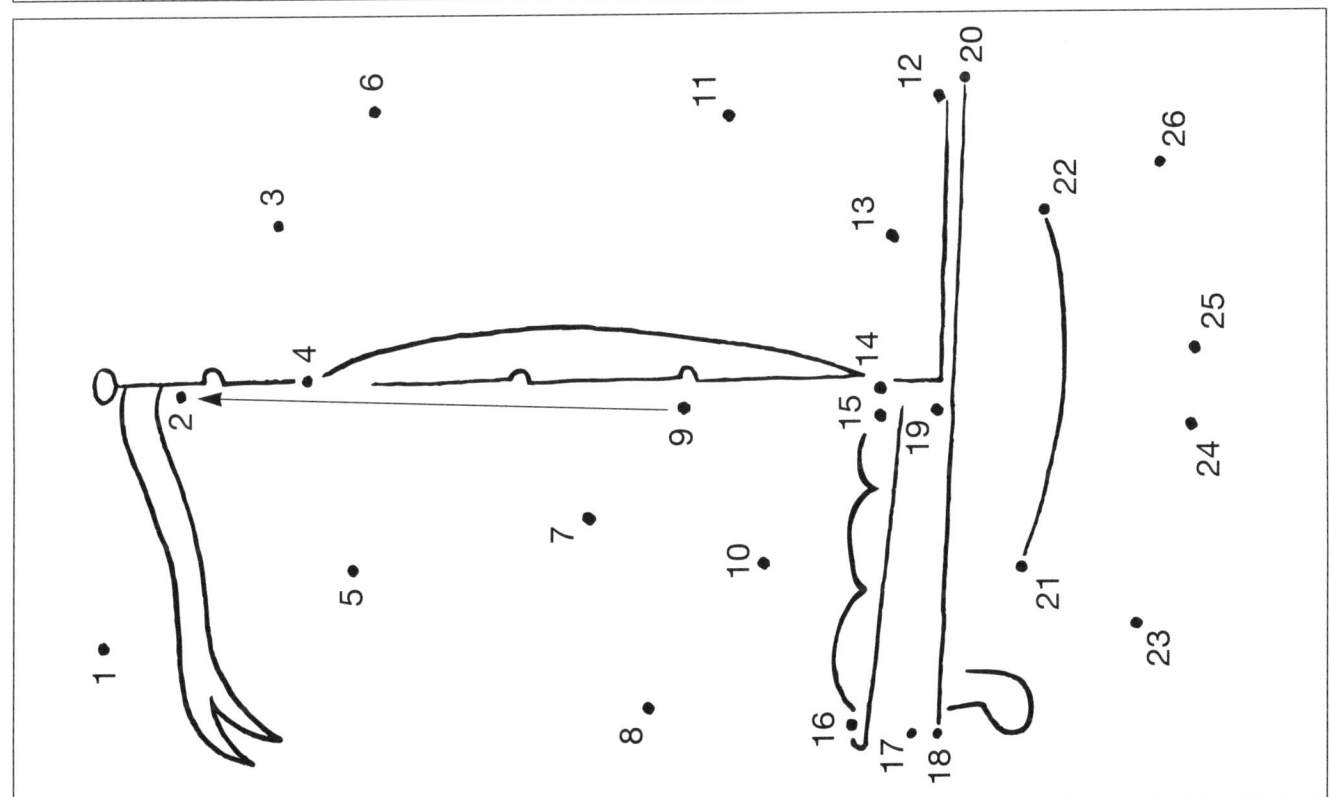

Aus: Krampe/Mittelmann: Grammatik-Übungsspiele für die Klasse 2
Verlag Ludwig Auer, Donauwörth · Als Kopiervorlage freigegeben

Lösungen:

1. die Woche	– die Wochen (9)	19. das Gedicht	– die Gedichte (24)
	– die Wöche 1		– die Gedichter 7
	– die Woches 6		– die Gedichts 23
2. der Punkt	– die Punkten 5	20. die Hand	– die Hands 26
	– die Punkte (2)		– die Handen 13
	– die Punks 3		– die Hände (25)
3. die Seite	– die Seite 5	21. der Markt	– die Mark 10
	– die Seiter 11		– die Märkte (22)
	– die Seiten (16)		– die Marken 5
4. der Platz	– die Plätze (15)	22. die Mutter	– die Mutters 11
	– die Platzen 7		– die Mütter (20)
	– die Platzer 10		– die Mutten 14
5. die Reihe	– die Reiher 11	23. der Feind	– die Feinds 16
	– die Reihen (19)		– die Feinder 10
	– die Reihs 14		– die Feinde (12)
6. der Preis	– die Preise (17)	24. der Flügel	– die Flügel (14)
	– die Preiser 13		– die Flügels 13
	– die Preisen 6		– die Flüger 18
7. der Ort	– die Örter 3	25. das Messer	– die Messers 13
	– die Orte (18)		– die Messen 12
	– die Orts 8		– die Messer (4)
8. der Lehrer	– die Lehrer (21)	26. der Mund	– die Munds 25
	– die Lehrerin 10		– die Münder (12)
	– die Lehrers 9		– die Munden 10

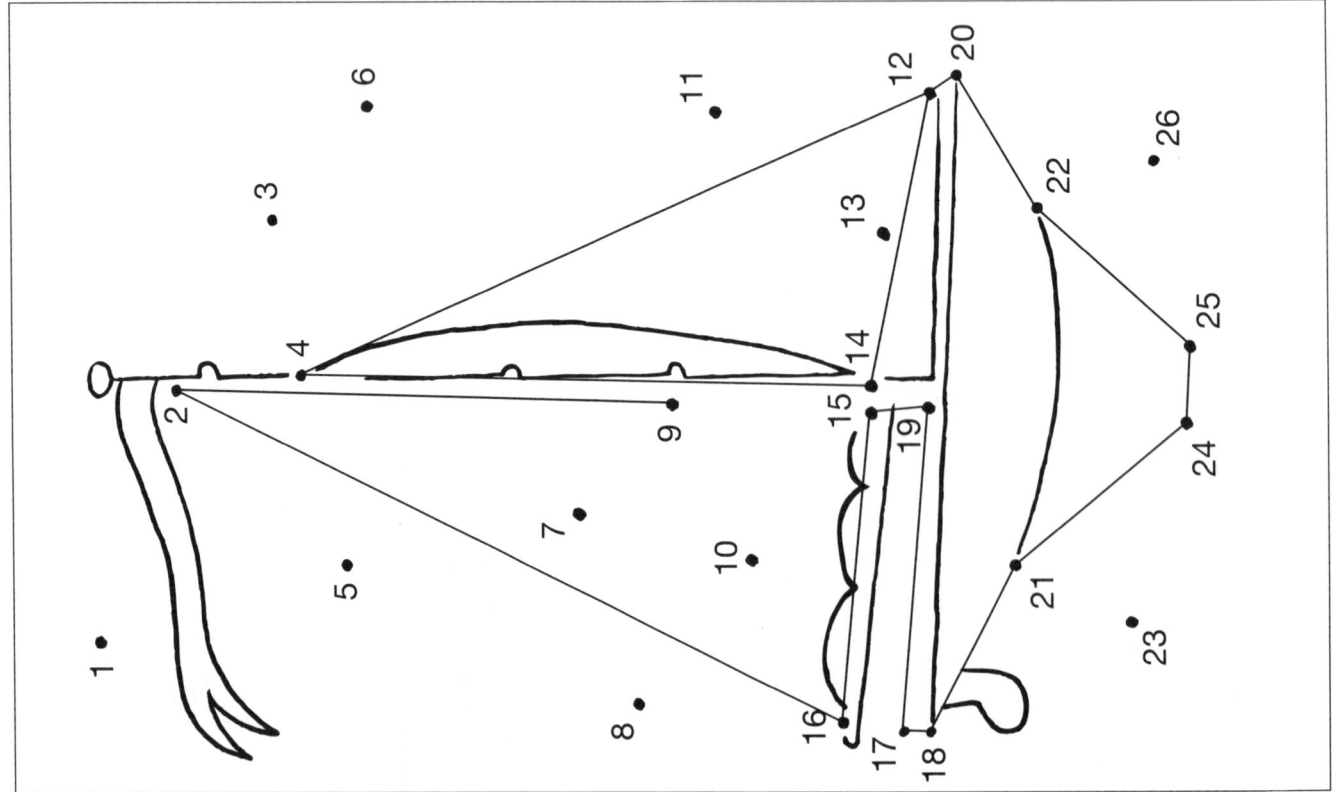

Spielregel:

- Gestellte Aufgaben lösen.
- Entsprechend der Lösungszahlen Bildpunkte in der Reihenfolge der Aufgaben miteinander verbinden.
- Selbstkontrolle: sinnvolles Bild.

Nomen: Singular/Plural

Male die richtige Pluralform (Mehrzahlform) aus!

der Brief	– die Briefe	⑬	der Platz	– die Platzen	25	
	– die Briefs	1		– die Plätze	28	
die Klasse	– die Klasser	33	das Bett	– die Better	24	
	– die Klassen	34		– die Betten	31	
das Tier	– die Tiere	17	das Zimmer	– die Zimmers	7	
	– die Tieren	2		– die Zimmer	14	
die Blume	– die Blüme	35	der Wind	– die Winde	10	
	– die Blumen	5		– die Winden	18	
der Flügel	– die Flügel	23	der Kopf	– die Kopfer	11	
	– die Flügels	3		– die Köpfe	4	
die Sache	– die Sacher	30	die Hose	– die Hosen	29	
	– die Sachen	20		– die Höse	16	
der Monat	– die Monate	32	das Auto	– die Autos	15	
	– die Monats	6		– die Auten	18	

Aus: Krampe/Mittelmann: Grammatik-Übungsspiele für die Klasse 2
Verlag Ludwig Auer, Donauwörth · Als Kopiervorlage freigegeben

Lösungen:

der Brief	– die Briefe	⑬		der Platz	– die Platzen	25
	– die Briefs	1			– die Plätze	㉘
die Klasse	– die Klasser	33		das Bett	– die Better	24
	– die Klassen	㉞			– die Betten	㉛
das Tier	– die Tiere	⑰		das Zimmer	– die Zimmers	7
	– die Tieren	2			– die Zimmer	⑭
die Blume	– die Blüme	35		der Wind	– die Winde	⑩
	– die Blumen	⑤			– die Winden	18
der Flügel	– die Flügel	㉓		der Kopf	– die Kopfer	11
	– die Flügels	3			– die Köpfe	④
die Sache	– die Sacher	30		die Hose	– die Hosen	㉙
	– die Sachen	⑳			– die Höse	16
der Monat	– die Monate	㉜		das Auto	– die Autos	⑮
	– die Monats	6			– die Auten	18

Spielregel:
- Gestellte Aufgaben lösen.
- Lösungszahlen im Bildteil suchen und entsprechende Felder mit einer Farbe ausmalen.
- Selbstkontrolle: eine Figur.

Nomen: Verkleinerungsform

Suche die Verkleinerungsform!

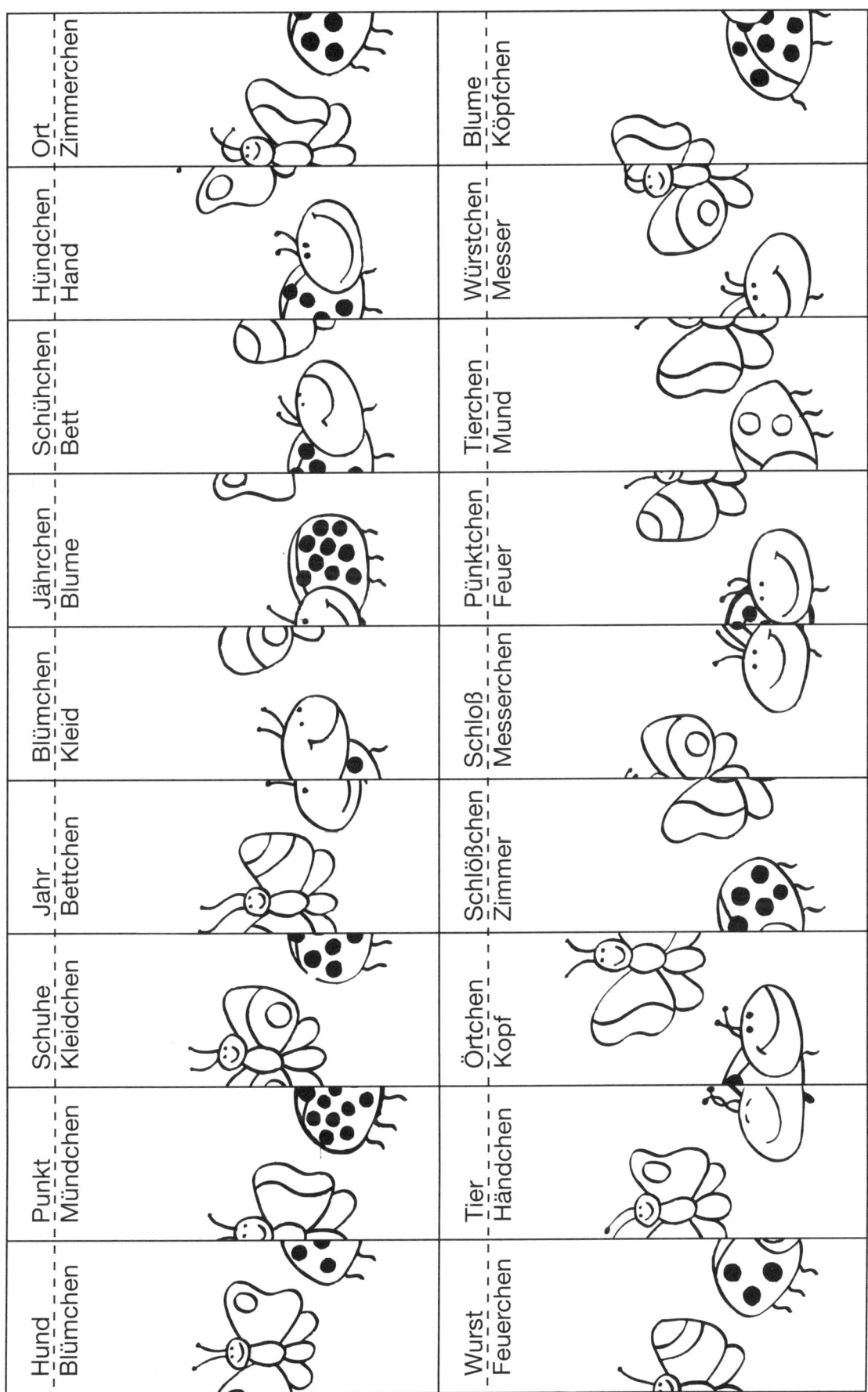

Ort / Zimmerchen	Hündchen / Hand	Schühchen / Bett	Jährchen / Blume	Blümchen / Kleid	Jahr / Bettchen	Schuhe / Kleidchen	Punkt / Mündchen	Hund / Blümchen

Blume / Köpfchen	Würstchen / Messer	Tierchen / Mund	Pünktchen / Feuer	Schloß / Messerchen	Schlößchen / Zimmer	Örtchen / Kopf	Tier / Händchen	Wurst / Feuerchen

(STREIFEN-)DOMINO

Lösungen:

Tier / Händchen	Hündchen / Hand	Hund / Blümchen	Jährchen / Blume	Jahr / Bettchen	Schühchen / Bett	Schuhe / Kleidchen	Blümchen / Kleid	Blume / Köpfchen

Örtchen / Kopf	Ort / Zimmerchen	Schlößchen / Zimmer	Schloß / Messerchen	Würstchen / Messer	Wurst / Feuerchen	Pünktchen / Feuer	Punkt / Mündchen	Tierchen / Mund

Spielregel:

- Dominoteile ausschneiden.
- Dominoteile so nebeneinander legen, daß rechts neben der Normalform die Verkleinerungsform der Nomen liegt.
- Selbstkontrolle: Bildmuster.
- Tip: Aufkleben und ausmalen.

Nomen: Verkleinerungsform

Welches Wort ist die Verkleinerungsform?

Verkleinerungsform		Zahl	Buchstabe
Buch (6)	Büchlein (1)	1	W
Füßchen (14)	Fuß (5)		
Wörtchen (5)	Wort (16)		
Ring (4)	Ringlein (15)		
Schlößchen (14)	Schloß (12)		
Platz (22)	Plätzchen (13)		
Spiel (3)	Spielchen (7)		
Kopf (6)	Köpfchen (22)		
Märkchen (14)	Mark (7)		
Mündchen (5)	Mund (13)		
Bach (2)	Bächlein (13)		
Feuer (12)	Feuerchen (5)		
Tüchlein (5)	Tuch (13)		
Flügel (16)	Flügelchen (22)		
Affe (1)	Äffchen (7)		
Drähtchen (13)	Draht (12)		
Deckchen (14)	Decke (20)		,
Ball (8)	Bällchen (3)		
Arm (15)	Ärmchen (14)		
Äuglein (5)	Auge (14)		
Briefchen (13)	Brief (6)		
Wind (16)	Windchen (5)		
Ohr (9)	Öhrchen (5)		
Mensch (2)	Menschlein (22)		!

Schlüssel	
1	W
2	A
3	D
4	B
5	R
6	O
7	N
8	C
12	D
13	I
14	E
15	M
16	L
20	K
22	T

Lösungen:

Verkleinerungsform		Zahl	Buchstabe	
Buch (6)	Büchlein (1)	1	W	
Füßchen (14)	Fuß (5)	14	E	
Wörtchen (5)	Wort (16)	5	R	
Ring (4)	Ringlein (15)	15	M	
Schlößchen (14)	Schloß (12)	14	E	
Platz (22)	Plätzchen (13)	13	I	
Spiel (3)	Spielchen (7)	7	N	
Kopf (6)	Köpfchen (22)	22	T	
Märkchen (14)	Mark (7)	14	E	
Mündchen (5)	Mund (13)	5	R	
Bach (2)	Bächlein (13)	13	I	
Feuer (12)	Feuerchen (5)	5	R	
Tüchlein (5)	Tuch (13)	5	R	
Flügel (16)	Flügelchen (22)	22	T	
Affe (1)	Äffchen (7)	7	N	
Drähtchen (13)	Draht (12)	13	I	
Deckchen (14)	Decke (20)	14	E	,
Ball (8)	Bällchen (3)	3	D	
Arm (15)	Ärmchen (14)	14	E	
Äuglein (5)	Auge (14)	5	R	
Briefchen (13)	Brief (6)	13	I	
Wind (16)	Windchen (5)	5	R	
Ohr (9)	Öhrchen (5)	5	R	
Mensch (2)	Menschlein (22)	22	T	!

Spielregel:
- Entscheiden, wo die Verkleinerungsform steht.
- Lösungszahl notieren und im Schlüssel den entsprechenden Lösungsbuchstaben suchen und eintragen.
- Selbstkontrolle: Die Lösungsbuchstaben ergeben von oben nach unten gelesen den Lösungsspruch.

Verben erkennen

Wo steht das Verb (Tuwort)?

Der (1) Hund (2) bellt (3).	Unser Hund (8) frißt (12) keine Fliegen (13).	Der Hund (4) fletscht (5) seine Zähne (6).	Der Hund (10) freut (17) sich auf die Wurst (12).	Der Hund (12) beißt (13) den Einbrecher (14).
Die (6) Katze (8) faucht (7).	Die Katze (10) fängt (11) Mäuse (13).	Mäuse (9) fürchten (2) sich vor Katzen (5).	Das (8) Pferd (9) wiehert (10).	Das Pferd (8) scharrt (9) mit den Hufen (10).
Das (11) Huhn (13) gackert (4).	Fische (19) schwimmen (16) im Wasser (17).	Pinguine (18) leben (19) am Südpol (20).	Der (3) Elefant (2) trompetet (1).	Der Elefant (9) braucht (8) frische Blätter (7).
Auch Schlangen (16) legen (15) Eier (14).	Manche (18) Affen (11) werfen (6) mit Kokosnüssen.	Zugvögel ziehen (14) im Winter (16) nach Süden (18).	Eulen (19) schlafen (20) bei Tage (18).	Unser (20) Wellensittich (19) fliegt (18) jeden Tag.

Aus: Krampe/Mittelmann: Grammatik-Übungsspiele für die Klasse 2
Verlag Ludwig Auer, Donauwörth · Als Kopiervorlage freigegeben

Lösungen:

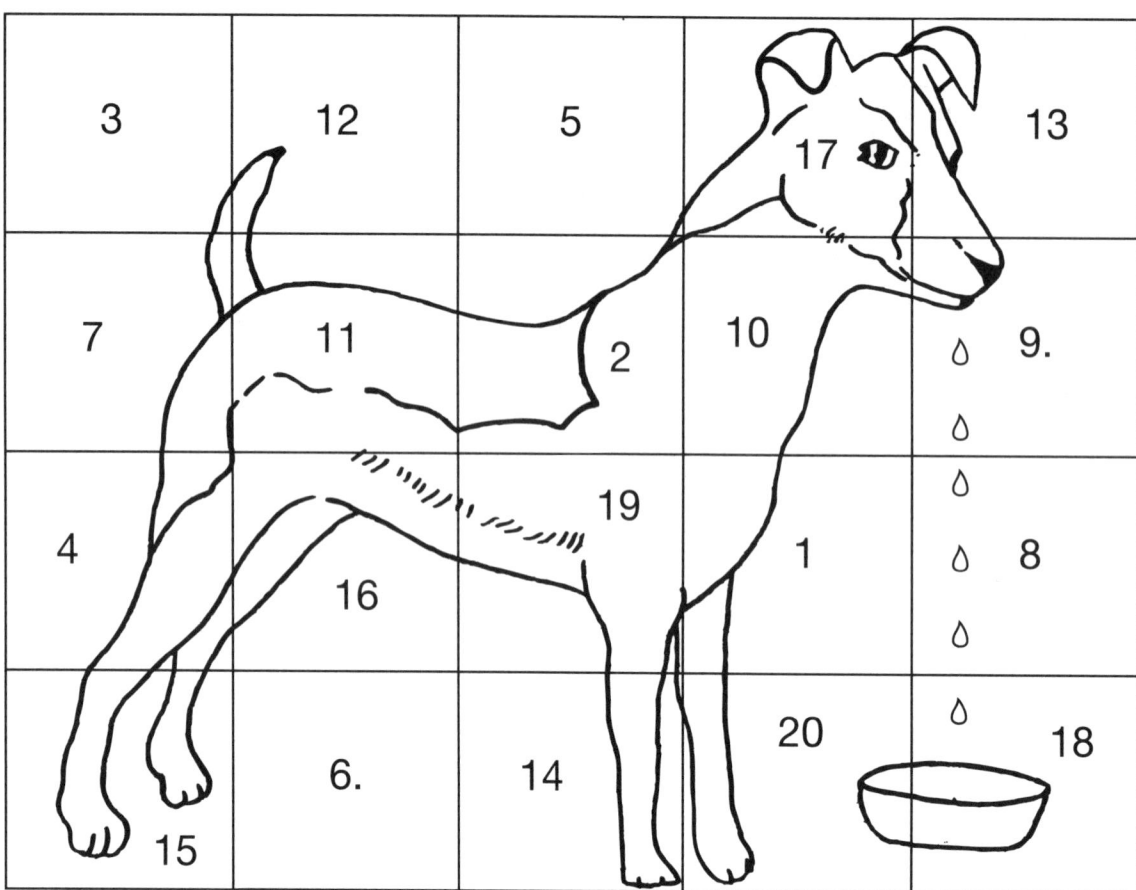

Spielregel:
- Puzzleteile (mit Bildteil) ausschneiden.
- Aufgabenstellung auf dem Spielplan lösen.
- Entsprechende Puzzleteile (Lösungszahl) auf den Spielplan legen.
- Selbstkontrolle: sinnvolles Bild.
- Tip: Teile aufkleben und ausmalen.

Verben erkennen

Wo steht das Verb (Tuwort)? Male entsprechend an!

A

Ingrid geht heute zum ersten Mal ins
 1   **2**   5   23   6   14 15
Krankenhaus. Sie besucht ihre Tante.
    9   8   13   10   21
„Wie heißen denn die Frauen in den
 19   12   20   17   23   18 5
weißen Kitteln?" fragt sie neugierig.
  21   25   7   26   6
„Du meinst die Krankenschwestern",
 5   22   14   16
sagt Mutter zu Ingrid.
 3   17   18   6
Darauf antwortet Ingrid:
  8   27   11
„Und wo sind die gesunden Schwestern?"
 19 5   4   9   11   16

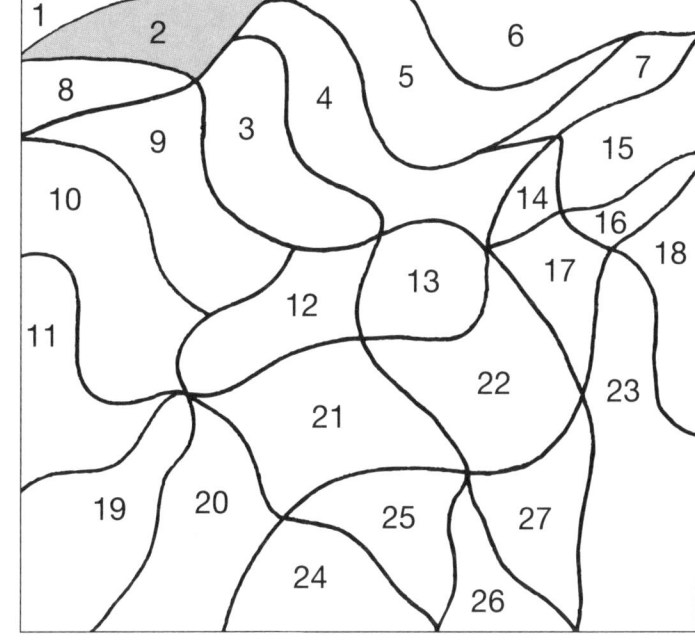

B

Die Lehrerin stellt Susanne eine Aufgabe:
 11   10   12   8   18   16
„Ich gebe dir 18 Nüsse.
 23   28 21   29
Davon schenkst du die Hälfte deiner
 30   24   37 39   3   1
kleinen Schwester Anna. Wie viele Nüsse
  4   7   8   29   30   23
bekommt sie also von dir?"
  25   21   4   31 33
„Sechs Stück soll sie haben."
  29   17   14   19   26
„Falsch!" ruft die Lehrerin.
  30   13   23   20
„Kannst du nicht richtig teilen?"
  15   8   4   5   9
Da lacht Susanne: „Doch, ich schon!
 6   27   33   34   37   17
Aber meine kleine Schwester kann es nicht."
 40   39   17   18   22 38

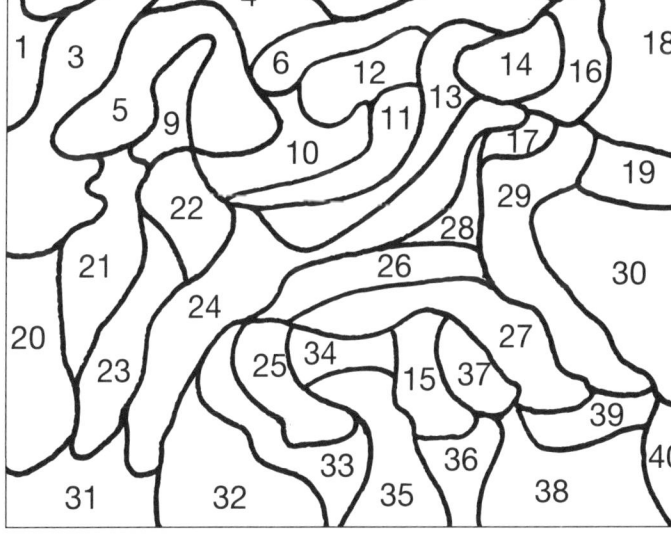

Hinweis: zwei unabhängige Spiele!

Lösungen:

A

Ingrid geht heute zum ersten Mal ins
    1   **2**   5   23   6   14   15

Krankenhaus. Sie besucht ihre Tante.
    9   8   **13**   10   21

„Wie heißen denn die Frauen in den
    19   **12**   20   17   23   18   5

weißen Kitteln?" fragt sie neugierig.
   21   25   **7**   26   6

„Du meinst die Krankenschwestern",
  5   **22** 14   16

sagt Mutter zu Ingrid.
 3   17   18   6

Darauf antwortet Ingrid:
    8   **27**   11

„Und wo sind die gesunden Schwestern?"
  19 5 **4**   9   11   16

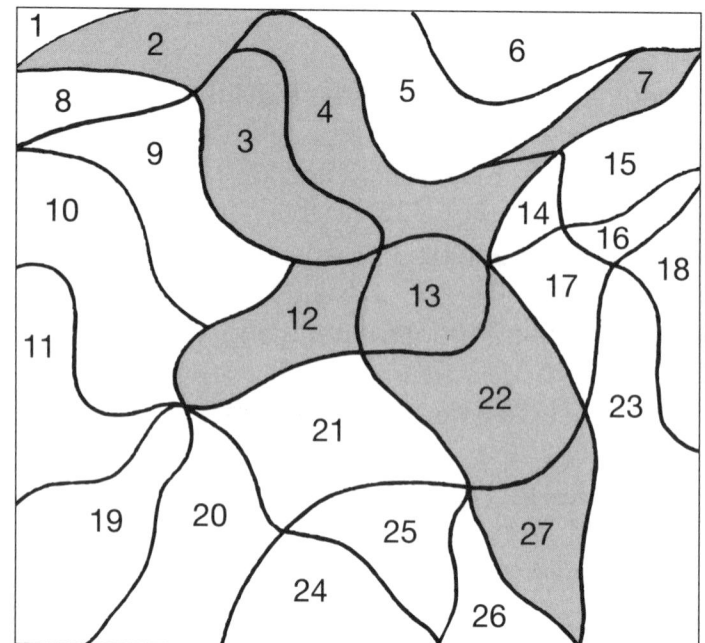

B

Die Lehrerin stellt Susanne eine Aufgabe:
 11   10   **12**   8   18   16

„Ich gebe dir 18 Nüsse.
  23   **28** 21   29

Davon schenkst du die Hälfte deiner
  30   **24**   37 39   3   1

kleinen Schwester Anna. Wie viele Nüsse
  4   7   8   29   30   23

bekommt sie also von dir?"
  25   21   4   31 33

„Sechs Stück soll sie haben."
  29   17   **14** 19 **26**

„Falsch!" ruft die Lehrerin.
  30   **13** 23   20

„Kannst du nicht richtig teilen?"
    15   8   4   5   **9**

Da lacht Susanne: „Doch, ich schon!
  6 **27**   33   34   37   17

Aber meine kleine Schwester kann es nicht."
  40   39   17   18   **22**   38

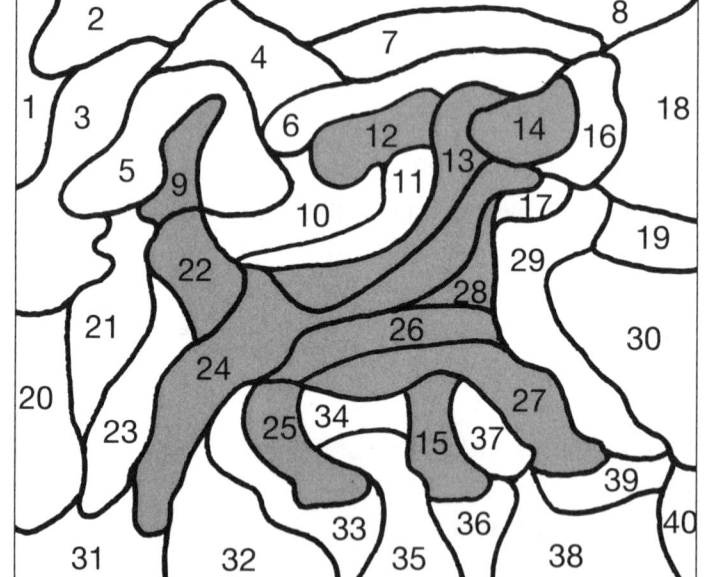

Spielregel:

- Verben im Text suchen.
- Zahlen unter dem Verb im Bildteil suchen und entsprechende Fläche ausmalen (eine Farbe).
- Selbstkontrolle: eine Figur.

Verben: Personalform – Grundform

Ordne den Verben (Tuwörtern) immer die Grundform zu!

bitten	es wird
beißen	ich mache
du bindest	machen
binden	–
du bittest	malen
er fehlt	lesen
er beißt	werden
fehlen	ihr malt
fallen	ihr lest
fegen	sie weint
er fährt	weinen
er fegt	lassen
er fällt	werfen
danken	du läßt
fahren	er wirft
dürfen	ich mag
du dankst	mögen
du darfst	–

Aus: Krampe/Mittelmann: Grammatik-Übungsspiele für die Klasse 2
Verlag Ludwig Auer, Donauwörth · Als Kopiervorlage freigegeben

(STREIFEN-)DOMINO   1.2.2.1

Lösungen:

er fällt		werfen	binden			–
fahren		er wirft	du bindest			machen
er fährt		weinen	beißen			ich mache
fegen		sie weint	er beißt			werden
er fegt		lassen	bitten			es wird
danken		du läßt	du bittest			malen
du dankst		mögen	fehlen			ihr malt
dürfen		ich mag	er fehlt			lesen
du darfst		–	fallen			ihr lest

Spielregel:

- Dominoteile ausschneiden.
- Dominoteile so nebeneinanderlegen, daß rechts neben der Personalform die Grundform des Verbs steht.
- Jeweils für eine neue Aufgabe zwischen oben und unten auf dem Dominoteil wechseln.
- Selbstkontrolle: Bildmuster.
- Tip: Aufkleben und ausmalen.

Verben: Personalform – Grundform

Suche immer zwei zusammengehörende Verben (Tuwörter)!

	sehen	fallen	du fällst	er fällt
fahren	sein	fallen	du siehst	ich falle
			ich sehe	ihr seht
fahren	sein	fallen	er ist	ihr seid
fahren	sein	sehen	ich bin	wir sind
			du fährst	sie fahren
fahren	sein	sehen	ich fahre	er fährt

Aus: Krampe/Mittelmann: Grammatik-Übungsspiele für die Klasse 2
Verlag Ludwig Auer, Donauwörth · Als Kopiervorlage freigegeben

Spielregel:
- Schneide die Memory-Kärtchen aus!
- Lege die Kärtchen verdeckt und nach Formen geordnet aus!
- Ziehe immer gleichzeitig ein Quadrat und ein Rechteck!
- Wenn es dieselben Verben sind, darfst du das Kartenpaar behalten.
- Selbstkontrolle: richtig aneinanderliegende Paßstriche.

Verben: Personalform – Grundform

Suche immer zwei zusammengehörende Verben (Tuwörter)!

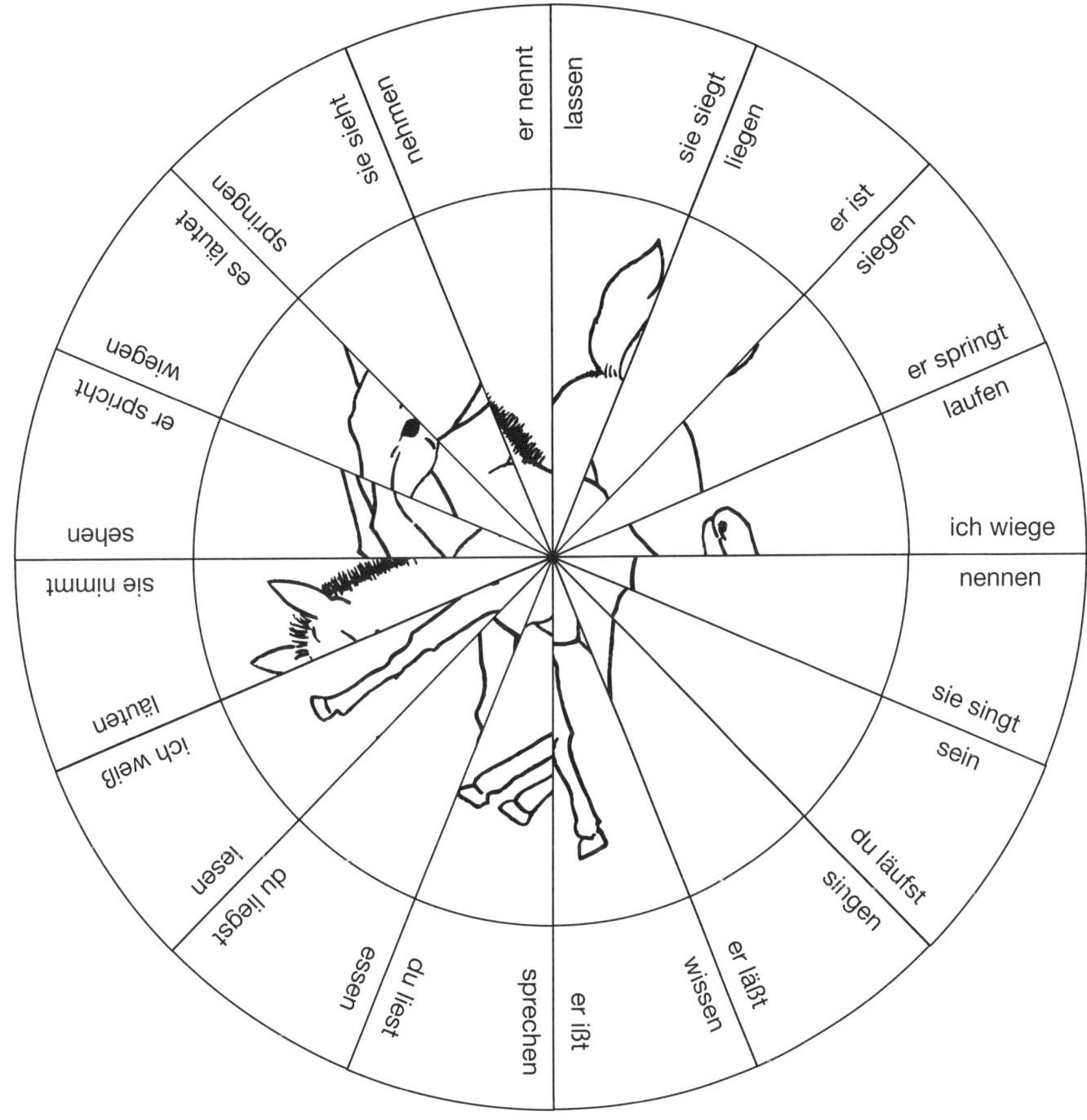

(KREIS-)DOMINO 1.2.2.3

Lösungen:

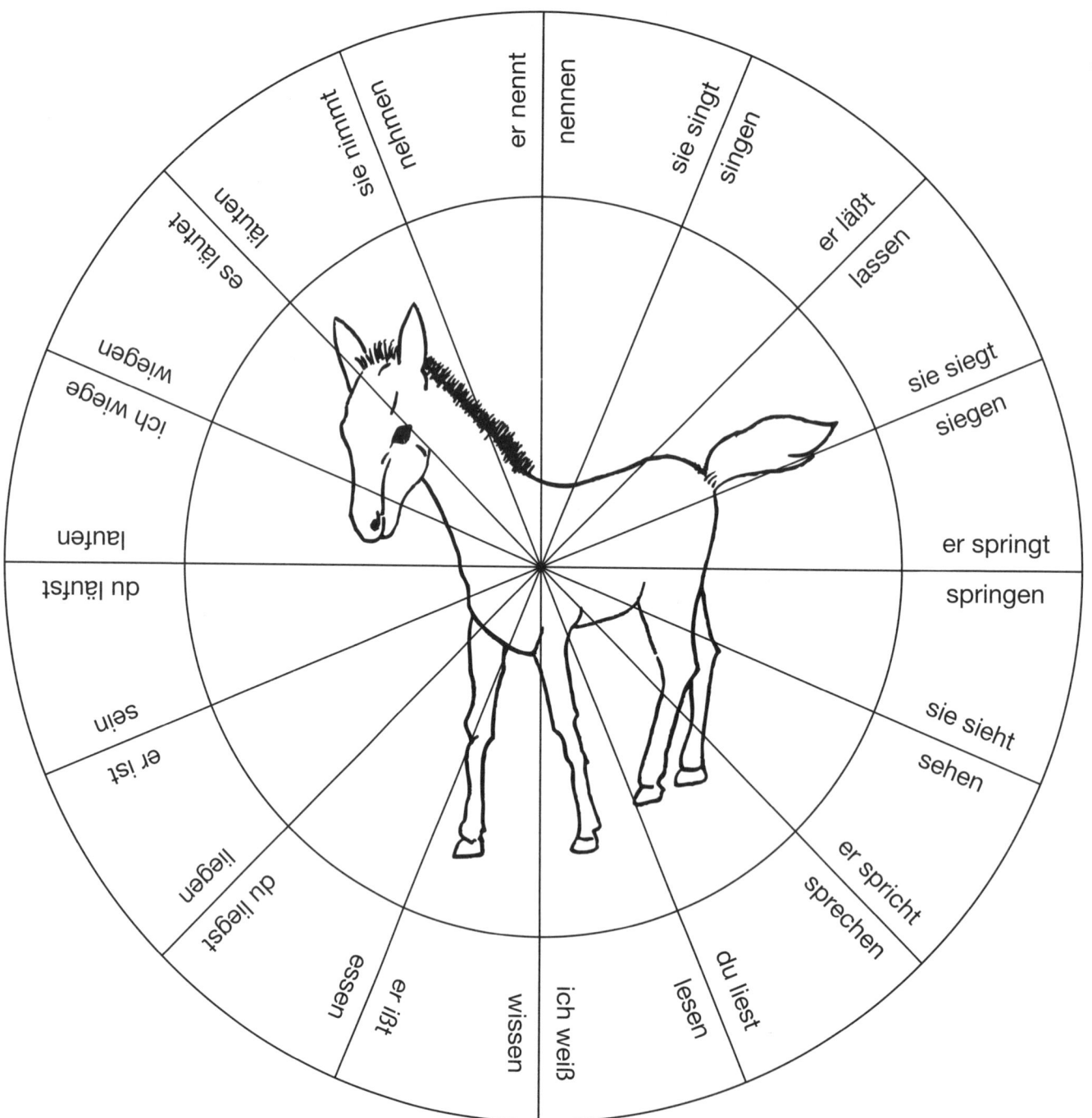

Spielregel:

- Dominoteile („Kuchenstücke") ausschneiden.
- Dominoteile so aneinanderlegen, daß Personal- und Grundform eines Verbs auf benachbarten Rändern stehen.
- Selbstkontrolle: sinnvolles Bild in der Mitte.
- Tip: Aufkleben und ausmalen.

Adjektive erkennen

Welche Zahlen gehören zu einem Adjektiv (Wie-Wort)? Kreise sie ein!

WILD	:	(20)
TIEF	:	13
ZWEI	:	1
TAG	:	4
SCHARF	:	3
REICH	:	14
SCHNELL	:	27
ROT	:	33
KRANK	:	6
ODER	:	29
GRÜN	:	24
GESUND	:	17

ERDE	:	18
DICK	:	2
BRIEF	:	50
BLAU	:	21
DUNKEL	:	16
LEICHT	:	22
NEU	:	5
NOT	:	9
LIEB	:	18
DUMM	:	44
TRINKEN	:	10

FREMD	:	35
DER	:	12
SIE	:	37
ELF	:	49
TREU	:	34
BROT	:	15
RASEN	:	19
KLUG	:	38
ÜBER	:	30
STILL	:	47
FRECH	:	40

Jede Zahl kommt genau <u>dreimal</u> vor!

Aus: Krampe/Mittelmann: Grammatik-Übungsspiele für die Klasse 2
Verlag Ludwig Auer, Donauwörth · Als Kopiervorlage freigegeben

BILDER AUS PUNKTEN   1.3.1.1

Lösungen:

WILD	:	(20)
TIEF	:	(13)
ZWEI	:	1
TAG	:	4
SCHARF	:	(3)
REICH	:	(14)
SCHNELL	:	(27)
ROT	:	(33)
KRANK	:	(6)
ODER	:	29
GRÜN	:	(24)
GESUND	:	(17)

ERDE	:	18
DICK	:	(2)
BRIEF	:	50
BLAU	:	(21)
DUNKEL	:	(16)
LEICHT	:	(22)
NEU	:	(5)
NOT	:	9
LIEB	:	(18)
DUMM	:	(44)
TRINKEN	:	10

FREMD	:	(35)
DER	:	12
SIE	:	37
ELF	:	49
TREU	:	(34)
BROT	:	15
RASEN	:	19
KLUG	:	(38)
ÜBER	:	30
STILL	:	(47)
FRECH	:	(40)

Jede Zahl kommt genau <u>dreimal</u> vor!

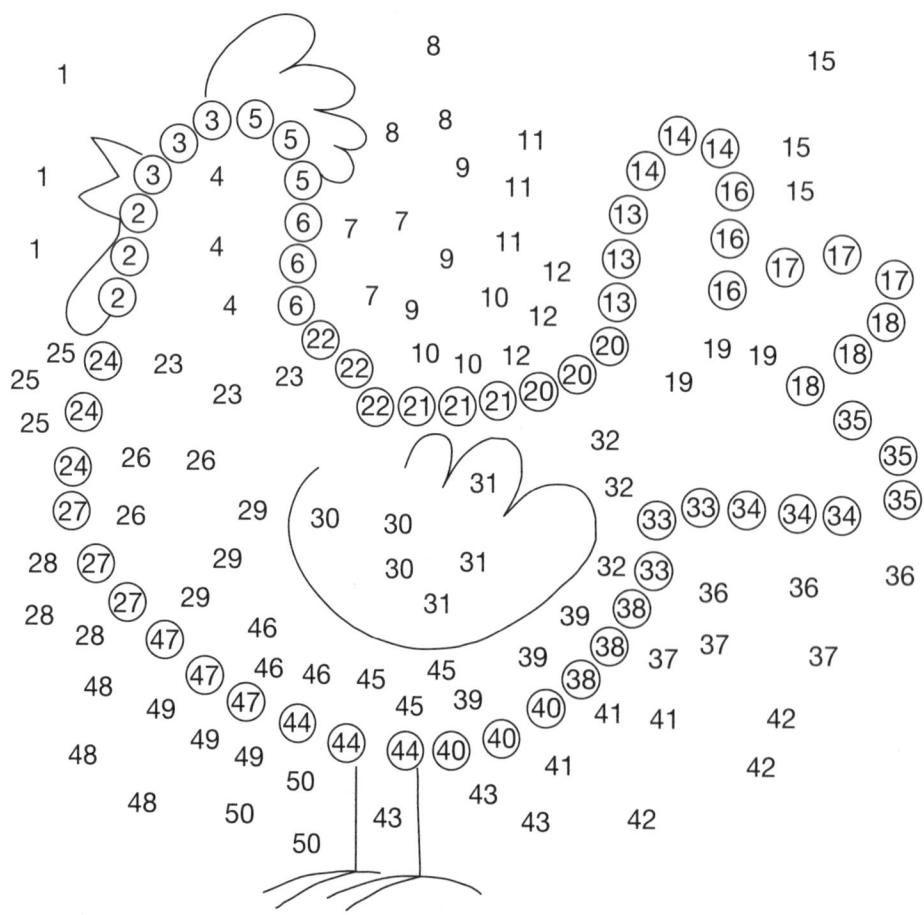

Spielregel:
- Gestellte Aufgaben lösen.
- Alle Lösungszahlen im Bildteil einkreisen.
- Selbstkontrolle: Umriß eines Tiers.

Adjektive erkennen

Sind die Wörter Adjektive (Wie-Wörter)?
„Ja" (J) oder „Nein" (N)?

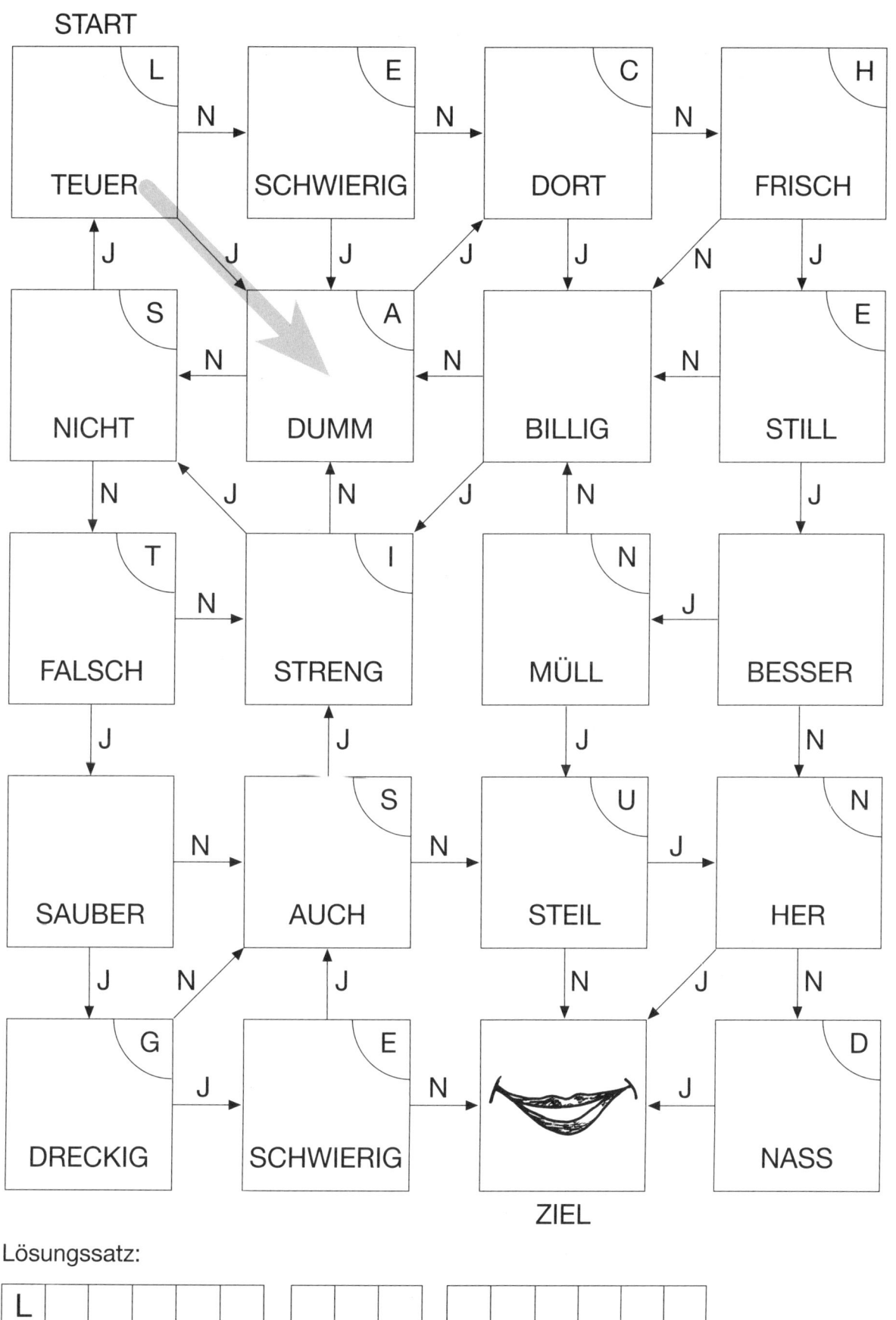

Lösungssatz:

| L | | | | | | | | | | | | | | | | |

Lösungen:

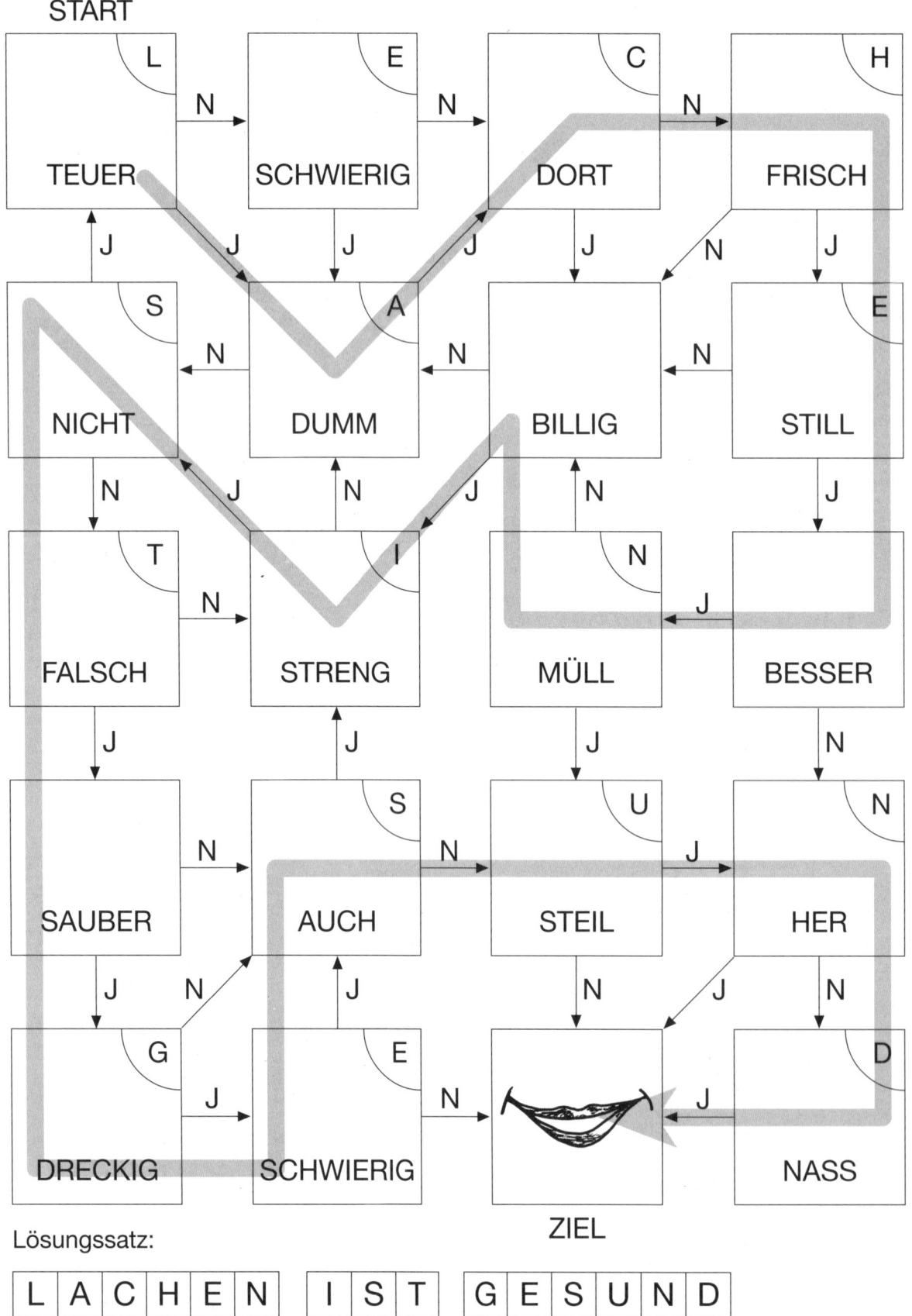

Lösungssatz:

| L | A | C | H | E | N | | I | S | T | | G | E | S | U | N | D |

Spielregel:

- Entscheiden, ob die Wörter in den Quadraten Adjektive sind: ja oder nein!
- Den entsprechenden Pfeilen folgen.
- Einzelne Buchstaben aus den Quadraten in der Lösungsreihenfolge zum Lösungssatz unten zusammensetzen.
- Selbstkontrolle: Erreichen des Ziels und sinnvoller Lösungssatz.

Adjektive: Steigerungsform Komparativ

Welche ist die **richtige** Steigerungsform?

fest festerer 11 fester 19	schlecht schlechter 7 schlechterer 4	spät späterer 17 später 12	tief tieferer 5 tiefer 16	laut lauter 15 läuter 13
dreckig dreckiger 18 drecker 3	reich reichlicher 16 reicher 17	wild wilder 2 wilderer 14	weich weicher 13 weicherer 19	klar klärer 15 klarer 20
böse böserer 20 böser 11	glatt glatter 1 glätter 12	teuer teurerer 2 teurer 8	naß nasserer 18 nasser 3	warm warmerer 6 wärmer 10
dunkel dunkler 5 dunkeler 10	kalt kälter 14 kalterer 1	frisch frischiger 9 frischer 4	dumm dummer 8 dümmer 9	stolz stölzer 7 stolzer 6

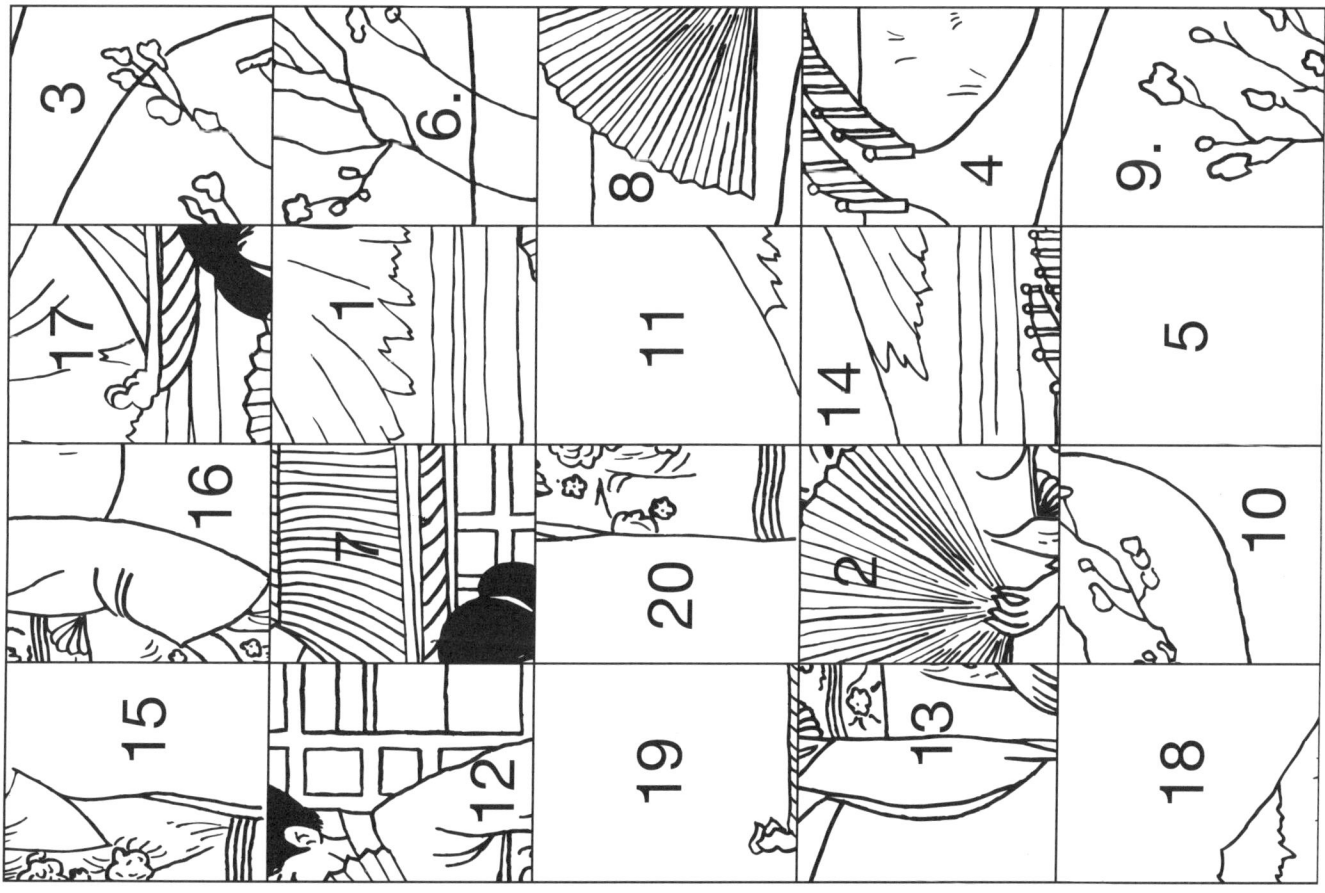

Aus: Krampe/Mittelmann: Grammatik-Übungsspiele für die Klasse 2
Verlag Ludwig Auer, Donauwörth · Als Kopiervorlage freigegeben

PUZZLE 1.3.2.1

Lösungen:

Spielregel:

- Puzzleteile (mit Bildteil) ausschneiden.
- Aufgabenstellung auf dem Spielplan lösen.
- Ensprechendes Puzzleteil (Lösungszahl) auf den Spielplan legen.
- Selbstkontrolle: sinnvolles Bild.
- Tip: Teile aufkleben und ausmalen.

Adjektive: Steigerungsform Komperativ

Ordne die Steigerungsform zu!

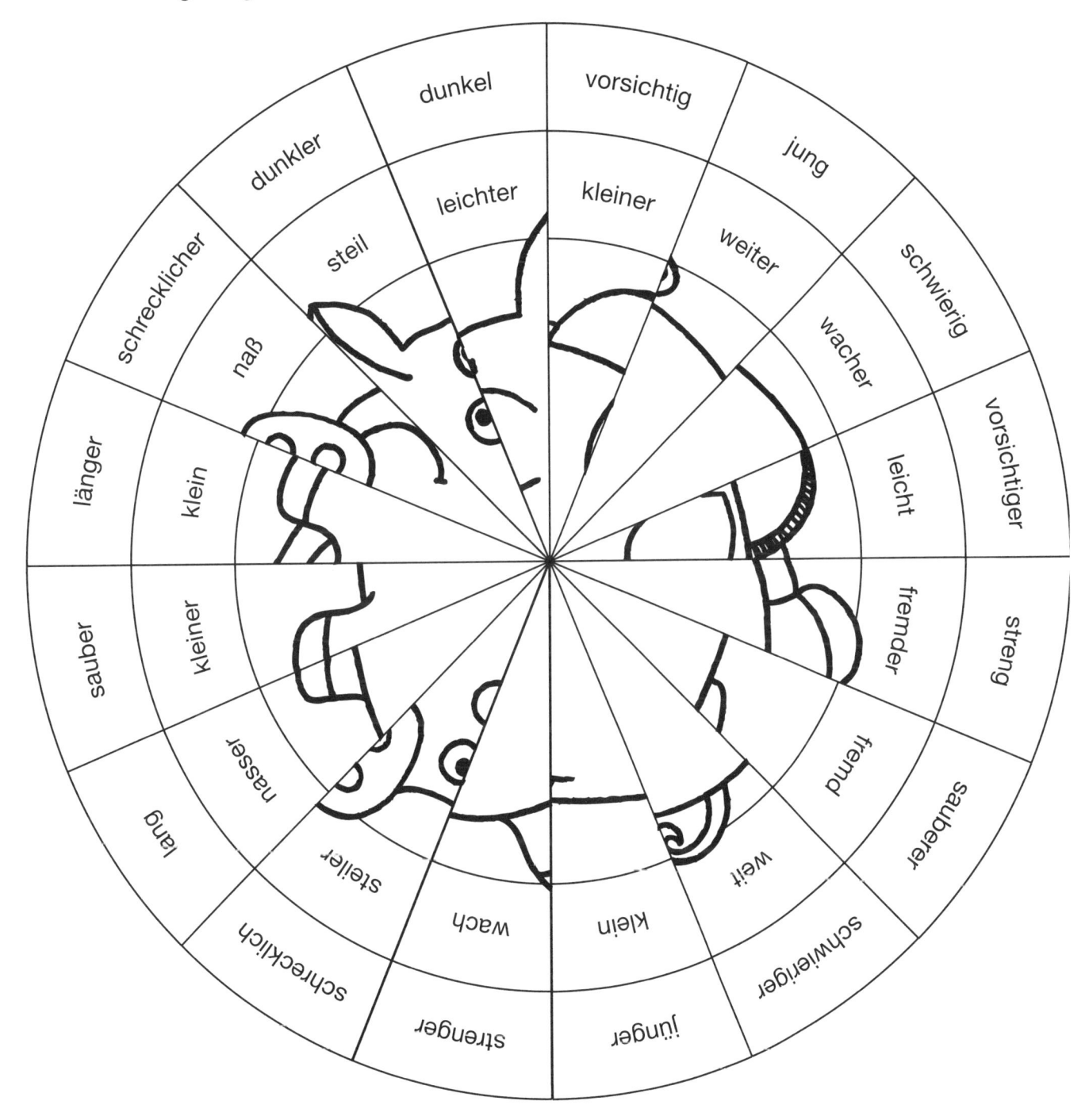

Outer ring (clockwise from top): dunkel, vorsichtig, jung, schwierig, vorsichtig, streng, fremd, weit, klein, wach, steil, schrecklich, lang, nasser, sauber, klein, länger, klein, naß, steil

Inner ring (clockwise): dunkler, leichter, kleiner, weiter, wacher, leicht, fremder, fremd, weit, klein, wach, steiler, nasser, lang, sauber, kleiner, klein, länger, schrecklicher

(KREIS-)DOMINO 1.3.2.2

Lösungen:

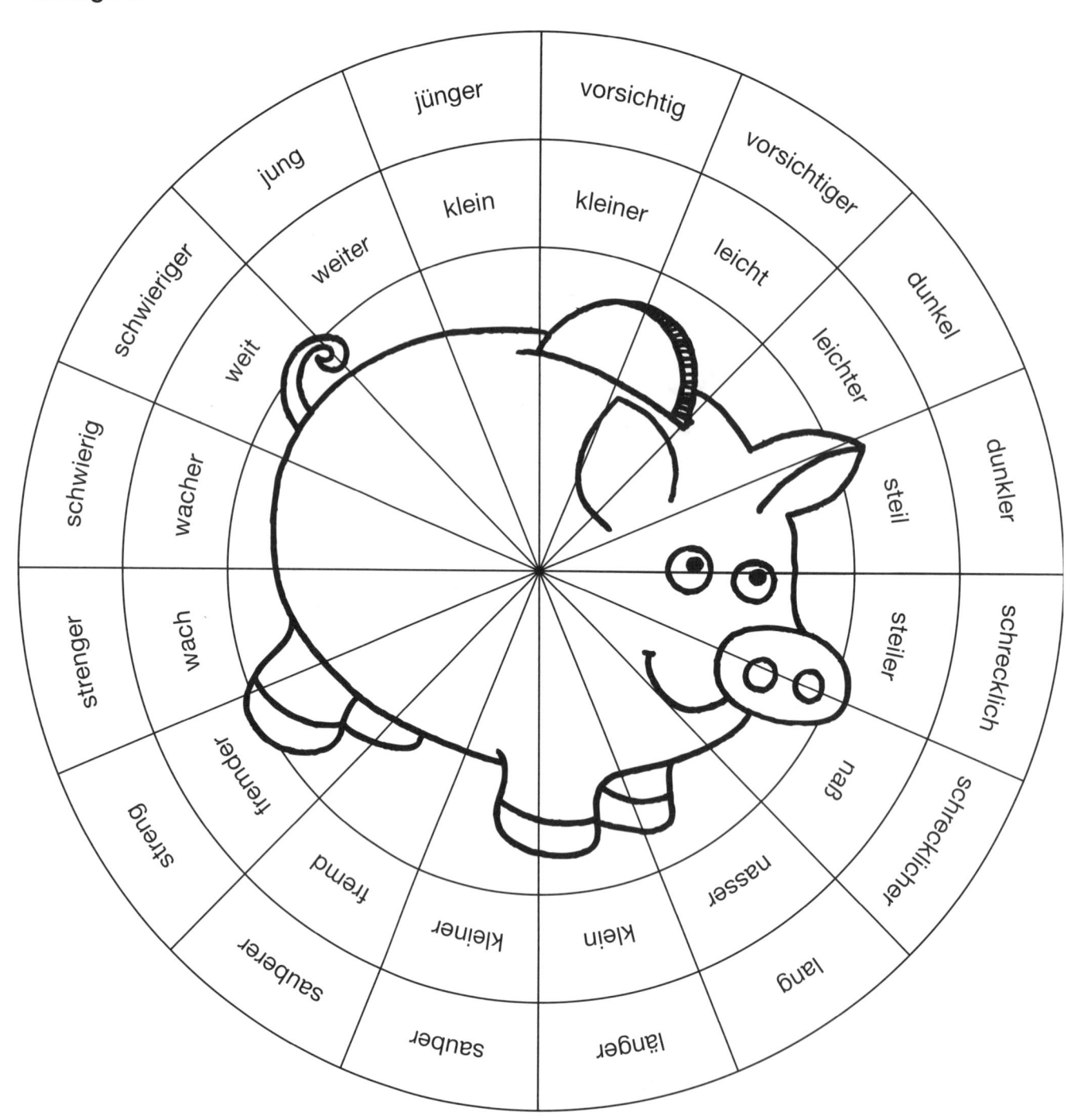

Outer ring (clockwise from top): jünger, vorsichtig, vorsichtiger, leicht, dunkel, dunkler, schrecklich, schrecklicher, lang, länger, klein, nass, klein, kleiner, sauber, sauberer, fremd, fremder, wach, strenger, streng, schwierig, schwieriger, weit, weiter, jung, klein, kleiner

Inner ring words: jung, weiter, weit, wacher, wach, fremder, fremd, sauber, kleiner, klein, nasser, lang, schrecklicher, steiler, steil, leichter, kleiner, klein

Spielregel:

- Dominoteile ausschneiden.
- Teile so aneinander legen, daß Wörter auf benachbarten Dominoteilen die geforderten Bedingungen erfüllen.
- Selbstkontrolle: sinnvolles Lösungsbild aller Dominoteile in der Mitte.
- Tip: Aufkleben und ausmalen.

Artikel erkennen

Wo steht der Artikel (Begleiter)?

Der (7) Tag (8) hat (9) 24 Stunden.	Die (10) Schulstunde (9) hat nur 45 Minuten (8).	Jedes (2) Jahr beginnt mit (3) dem (4) Monat Januar.	Das (5) Jahr (6) hat (7) 12 Monate.	Im Sommer (7) fahren (15) wir in die (19) Ferien.
Im (20) Winter friert das (1) Wasser (2) zu Eis.	Bäume werfen im (11) Herbst (12) die (13) Blätter ab.	Im Frühjahr (7) blühen (8) die (9) Blumen.	Die (14) Sonne geht im (15) Osten auf (6).	Strom (4) kommt aus (5) der (6) Steckdose.
Der (11) Füller (12) schreibt (13) mit Tinte.	Tinte läßt sich aus der (2) Kleidung (3) waschen (4).	Striche (14) zeichnen wir mit (15) dem (16) Lineal.	Bälle (18) haben (19) die (20) Form von Kugeln.	Die (18) Autos brauchen (19) Benzin (20).
Autos (2) verunreinigen die (3) Luft (4).	Den (12) Abfall mußt du (13) sortieren (14).	Teile (7) des (8) Abfalls kann man (9) wiederverwerten.	Aus dem (17) Abfall werden neue (18) Sachen (19) gemacht.	Den (15) neuen (16) Sachen (17) sieht man es nicht an.

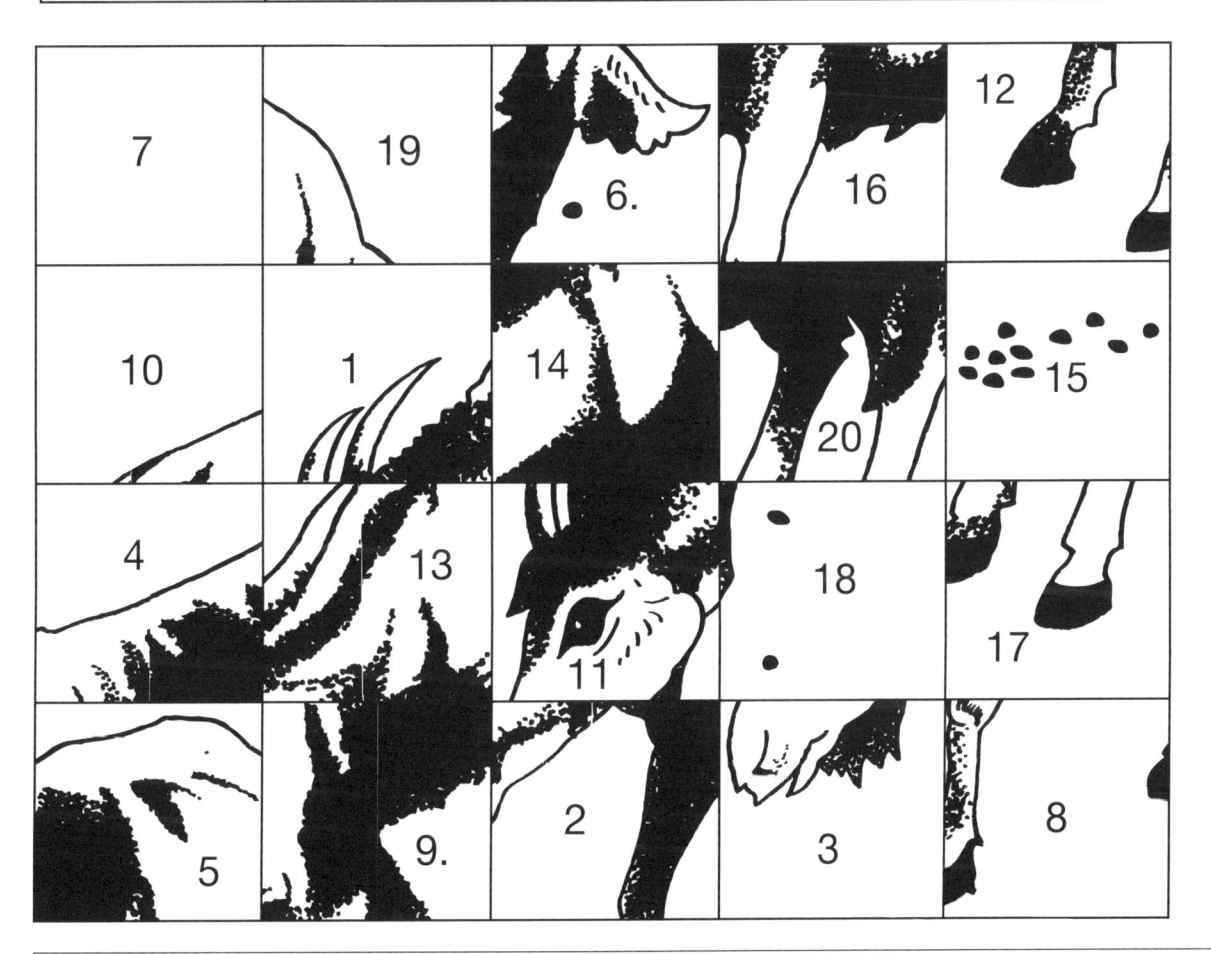

Aus: Krampe/Mittelmann: Grammatik-Übungsspiele für die Klasse 2
Verlag Ludwig Auer, Donauwörth · Als Kopiervorlage freigegeben

Lösungen:

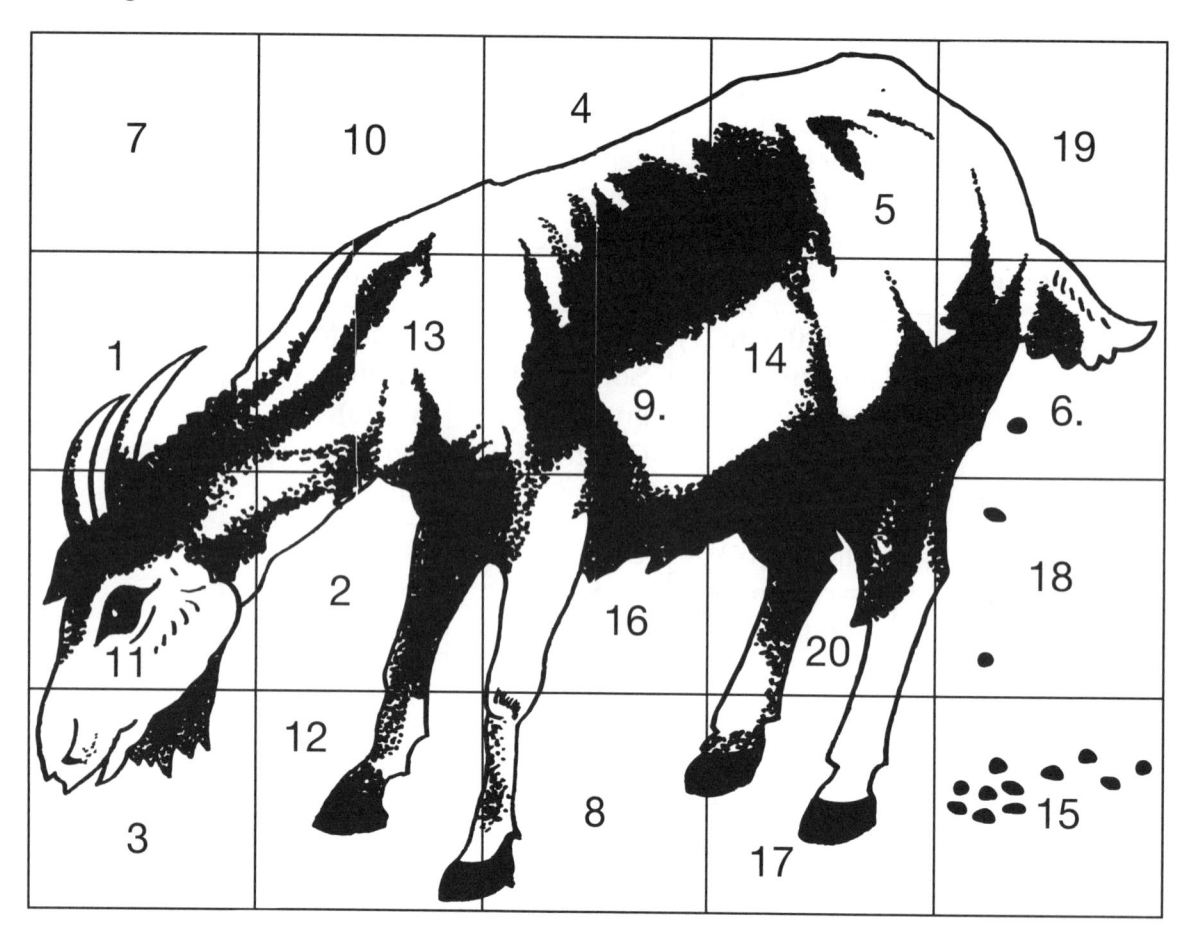

7	10	4	5	19
1	13	9.	14	6.
11	2	16	20	18
3	12	8	17	15

Spielregel:
- Aufgabenstellung lösen.
- Puzzleteile ausschneiden.
- Passendes Puzzleteil entsprechend der Lösungszahl auf Spielplan auflegen.
- Selbstkontrolle: ein Bild.
- Tip: Aufkleben und ausmalen.

Artikel erkennen

Wo steht der Artikel (Begleiter)?
Verbinde die entsprechenden Punkte!

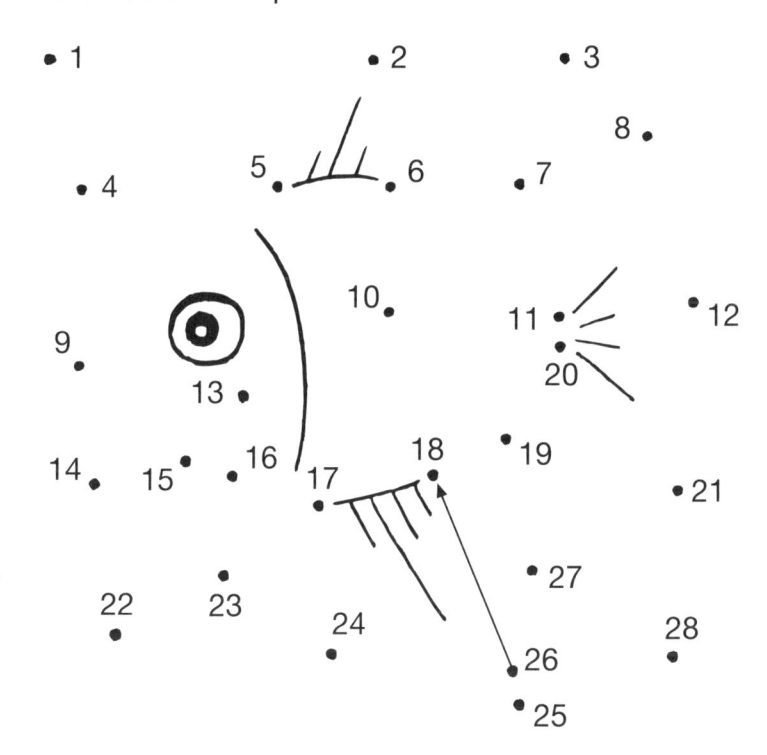

Die Lehrerin sagt in **der** Sprachstunde:
26   28   17 16 **18**   19

„In der letzten Woche haben wir über den Löwen gesprochen.
20 19   18   17   16   15   21 20   22   23

Ihr solltet das Wichtigste aufschreiben."
7   24   21   6   9

Peter liest die Hausaufgabe vor:
10   9   8   7   6

„Der Löwe ist sehr stark.
11   12   13   14   15

Er ist der Herr der Steppe.
9   8   6   3   2   1

Der Löwe ist gefährlich.
5   4   3   2

Er lebt in der Mitte von Afrika.
6   7   8 9   10   11   12

Der Löwe schreibt sehr schlecht."
15   16   17   18   19

„Wie bitte?" fragt die Lehrerin verwundert.
10   11   12   13   14   15

„Wie kommst du denn auf den Unsinn?"
11   12   13   14   15   16   17

„Aber Sie haben doch den Satz selbst gesagt:
13   14   15   16   17   18   19   20

Der Löwe hat 'ne fürchterliche Klaue!"
25   26   27   1   2

Aus: Krampe/Mittelmann: Grammatik-Übungsspiele für die Klasse 2
Verlag Ludwig Auer, Donauwörth · Als Kopiervorlage freigegeben

BILDER AUS PUNKTEN   1.4.1.2

Lösungen:

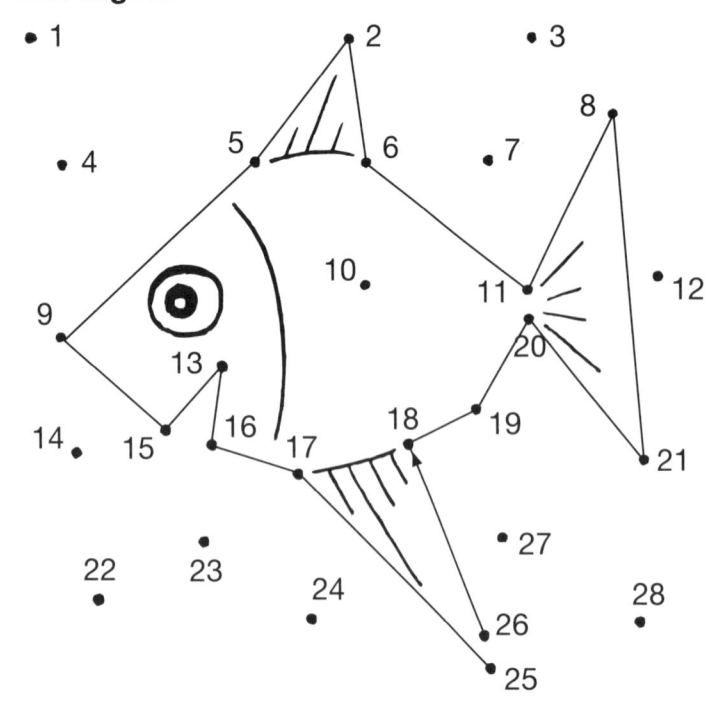

Die Lehrerin sagt in **der** Sprachstunde:
26   28   17 16 **18**   19

„In **der** letzten Woche haben wir über **den** Löwen gesprochen.
20 **19**   18   17   16   15 21 **20**   22   23

Ihr solltet **das** Wichtigste aufschreiben."
7   24 **21**   6   9

Peter liest **die** Hausaufgabe vor:
10 9 **8**   7   6

„**Der** Löwe ist sehr stark.
11   12   13 14   15

Er ist **der** Herr **der** Steppe.
9 8 **6**   3   **2**   1

Der Löwe ist gefährlich.
5   4   3   2

Er lebt in **der** Mitte von Afrika.
6 7 8 **9**   10   11   12

Der Löwe schreibt sehr schlecht."
15   16   17   18   19

„Wie bitte?" fragt **die** Lehrerin verwundert.
 10 11   12   **13**   14   15

„Wie kommst du denn auf **den** Unsinn?"
 11   12   13   14   15 **16**   17

„Aber Sie haben doch **den** Satz selbst gesagt:
 13   14   15   16   17   18   19   20

Der Löwe hat 'ne fürchterliche Klaue!"
25   26   27   1   2

Spielregel:

- Gestellte Aufgabe lösen.
- Bildpunkte (Kreuzchen) nach Anweisung miteinander verbinden.
- Selbstkontrolle: ein Bild.

Artikel

Suche den richtigen Artikel (Begleiter) und folge diesem Pfeil!

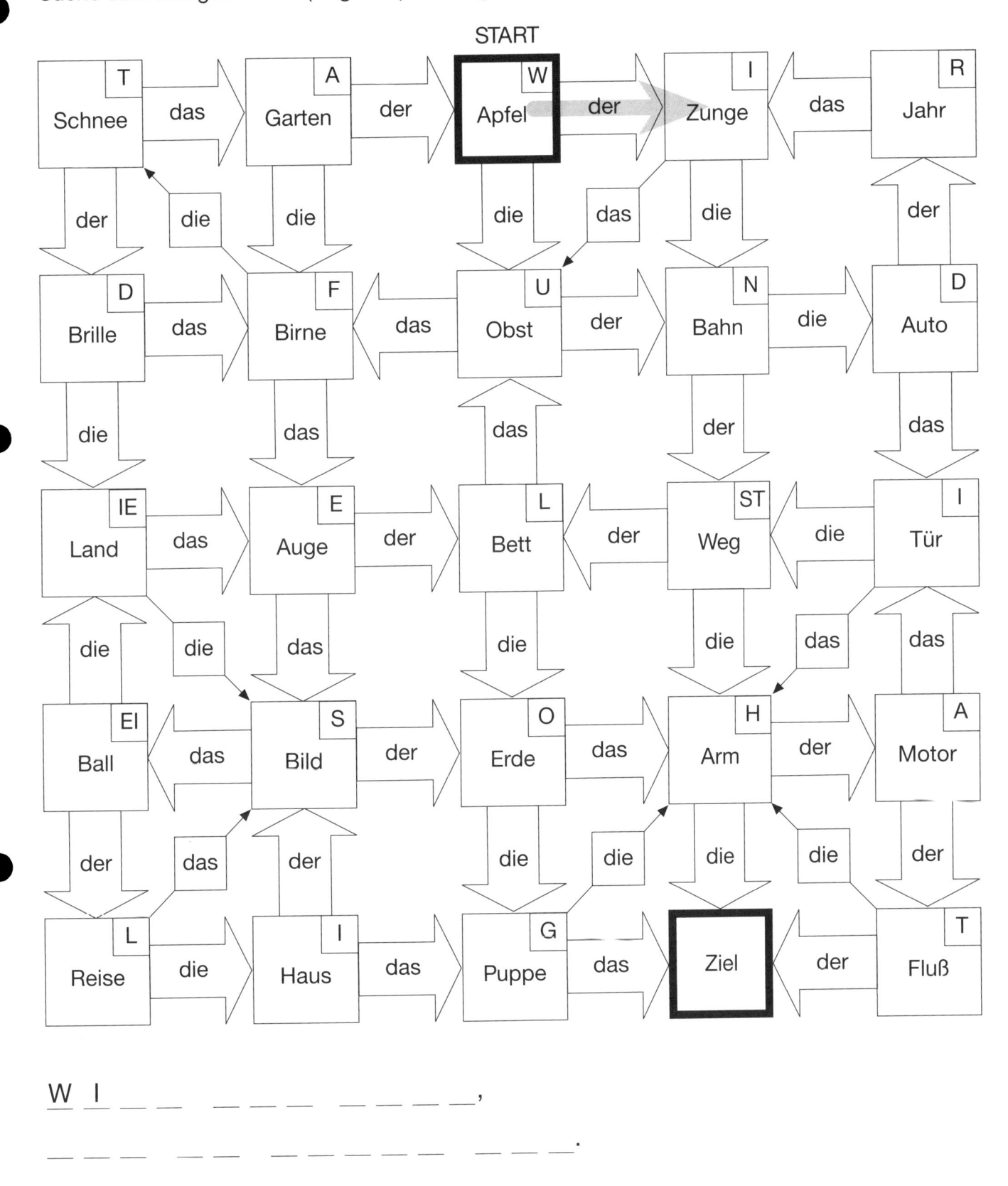

W I _ _ _ _ _ _ _ _ ,

_ _ _ _ _ _ _ _ _ _ _ _ _ .

JA-NEIN-SPIEL 1.4.2.1

Lösungen:

Spielregel:
- Den richtigen Artikel zum Nomen finden und dem Pfeil folgen.
- Einzelne Buchstaben auf die Striche unter dem Spiel eintragen.
- Selbstkontrolle: sinnvoller Satz.

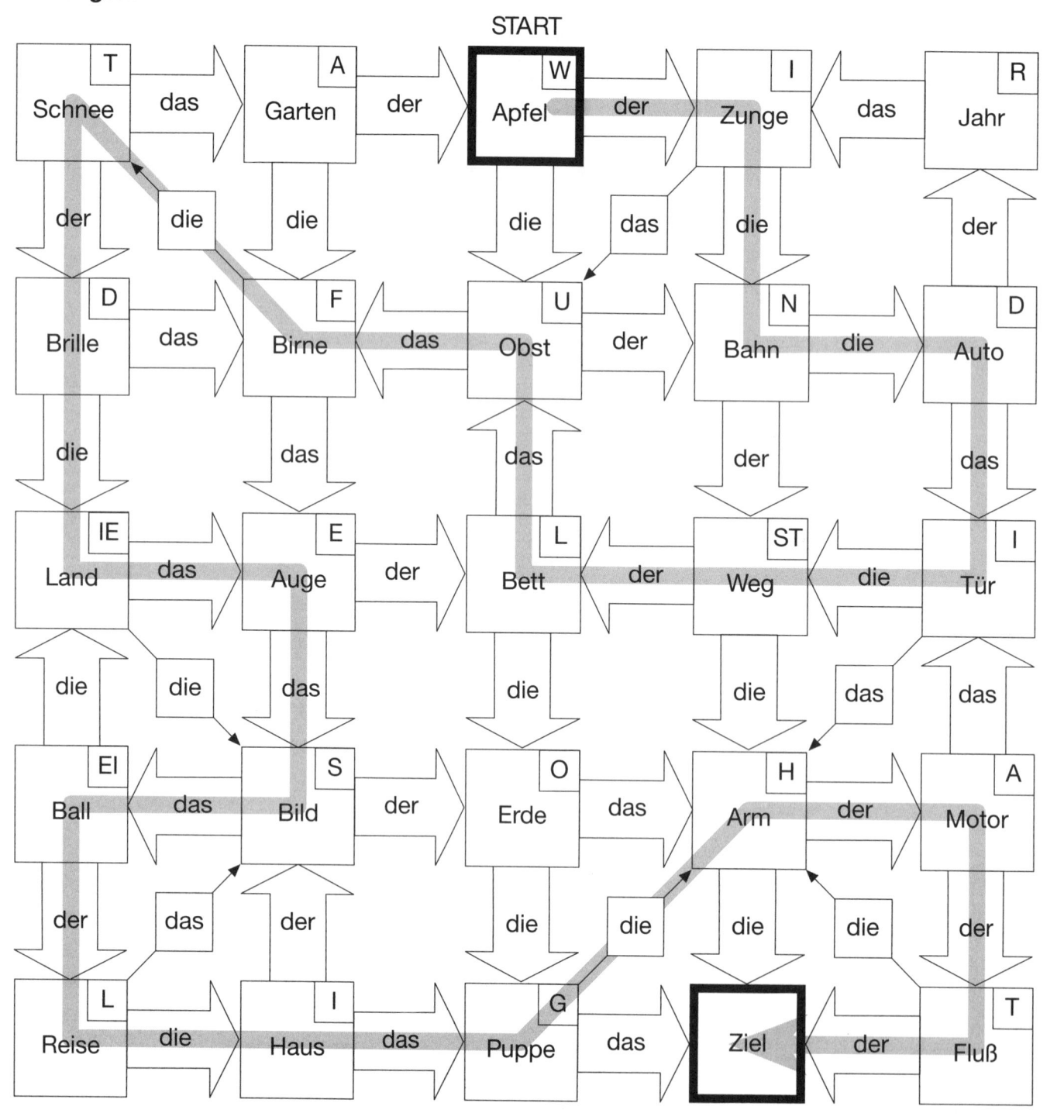

W I N D   I S T   L U F T,
D I E   E S   E I L I G   H A T.

Artikel

In jedem Ring ist ein Artikel (Begleiter) falsch!
Die Buchstaben neben diesen falschen Begleitern bilden das Lösungswort (von innen nach außen).

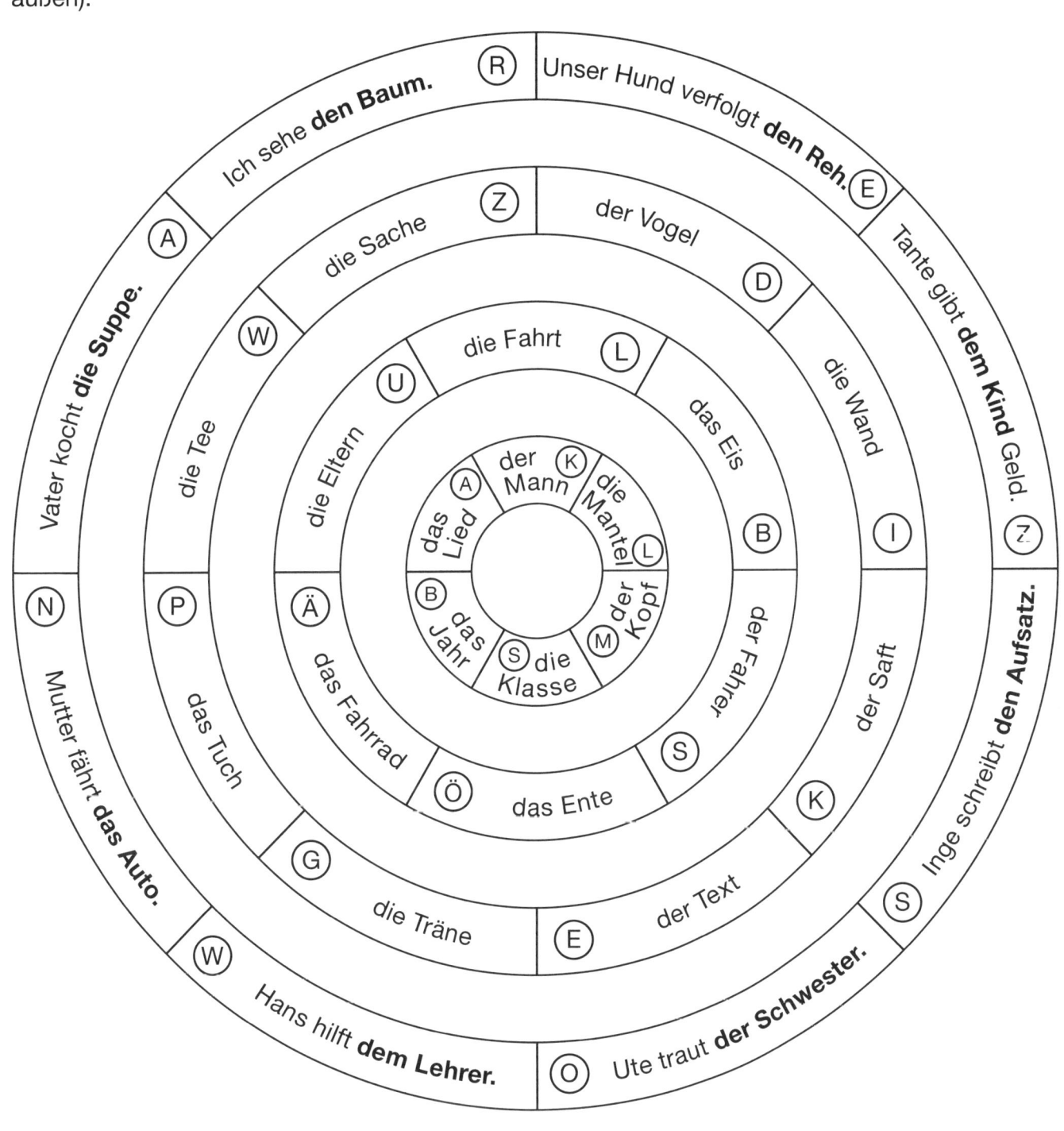

Ring 1 (innen): das Lied (A), der Mann (K), **die Mantel** (L), der Kopf (M), die Klasse (S), das Jahr (B)

Ring 2: die Fahrt (U), das Eis (B), der Fahrer (S), **das Ente** (Ö), das Fahrrad (G), die Eltern (Ä)

Ring 3: die Sache (Z), der Vogel (D), die Wand (I), der Saft (K), der Text (E), die Träne (G), das Tuch (W), **die Tee** (P)

Ring 4 (außen): Ich sehe den Baum. (R) – Unser Hund verfolgt **den Reh**. (E) – Tante gibt dem Kind Geld. (Z) – Inge schreibt den Aufsatz. (S) – Ute traut der Schwester. (O) – Hans hilft dem Lehrer. (W) – Mutter fährt das Auto. (N) – Vater kocht die Suppe. (A)

Lösungswort: __ __ __ __   (L Ö W E)

Aus: Krampe/Mittelmann: Grammatik-Übungsspiele für die Klasse 2
Verlag Ludwig Auer, Donauwörth · Als Kopiervorlage freigegeben

FEHLERSUCHE 1.4.2.2

Lösungen:

Außenring:
- Ich sehe **den Baum.** (A)
- Unser Hund verfolgt **den Reh.** (R) ●E
- Tante gibt **dem Kind** Geld. (E)
- Inge schreibt **den Aufsatz.** (Z)
- Ute traut **der Schwester.** (S)
- Hans hilft **dem Lehrer.** (O)
- Mutter fährt **das Auto.** (W)
- Vater kocht **die Suppe.** (N)

2. Ring:
- die Sache (Z)
- der Vogel (D)
- die Wand (I)
- der Saft (Z)
- der Text (S)
- die Träne (E)
- das Tuch (G)
- die Tee (P) ●W

3. Ring:
- die Fahrt (L)
- das Eis (B)
- der Fahrer (S)
- das Ente (K) ●Ö
- das Fahrrad (Ä)
- die Eltern (U)

4. Ring (innen):
- der Mann (K)
- die Mantel (B) ●L
- der Kopf (M)
- die Klasse (S)
- das Jahr (B)
- das Lied (A)

Lösungswort: L Ö W E

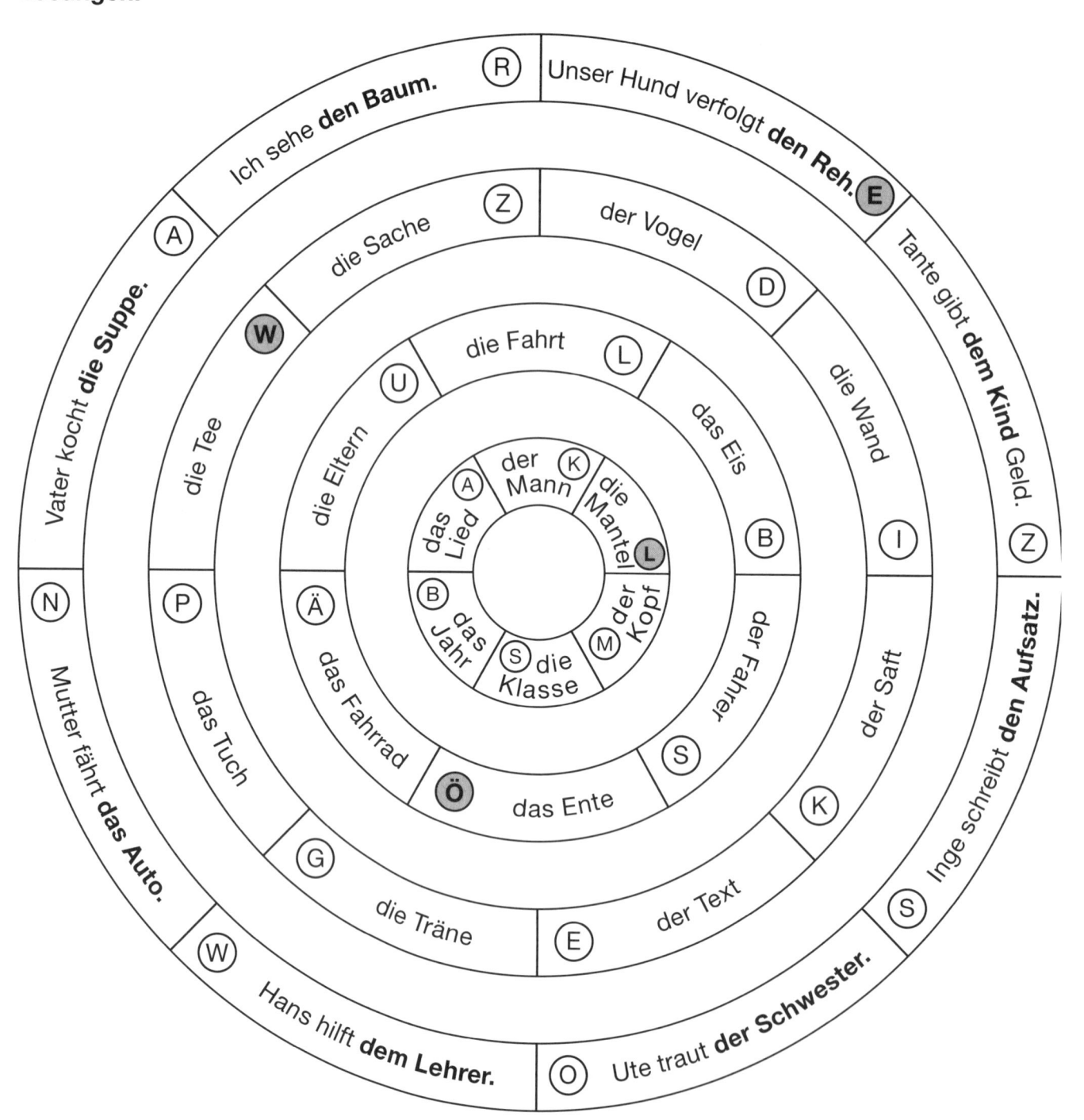

Spielregel:
- In jedem Ring den Fehler erkennen.
- Die entsprechenden Kontrollbuchstaben von innen nach außen hinter „Lösungswort" auf den Strichen notieren.
- Selbstkontrolle: Lösungswort.

Artikel

Welches Nomen (Namenwort) paßt zum Artikel (Begleiter)?

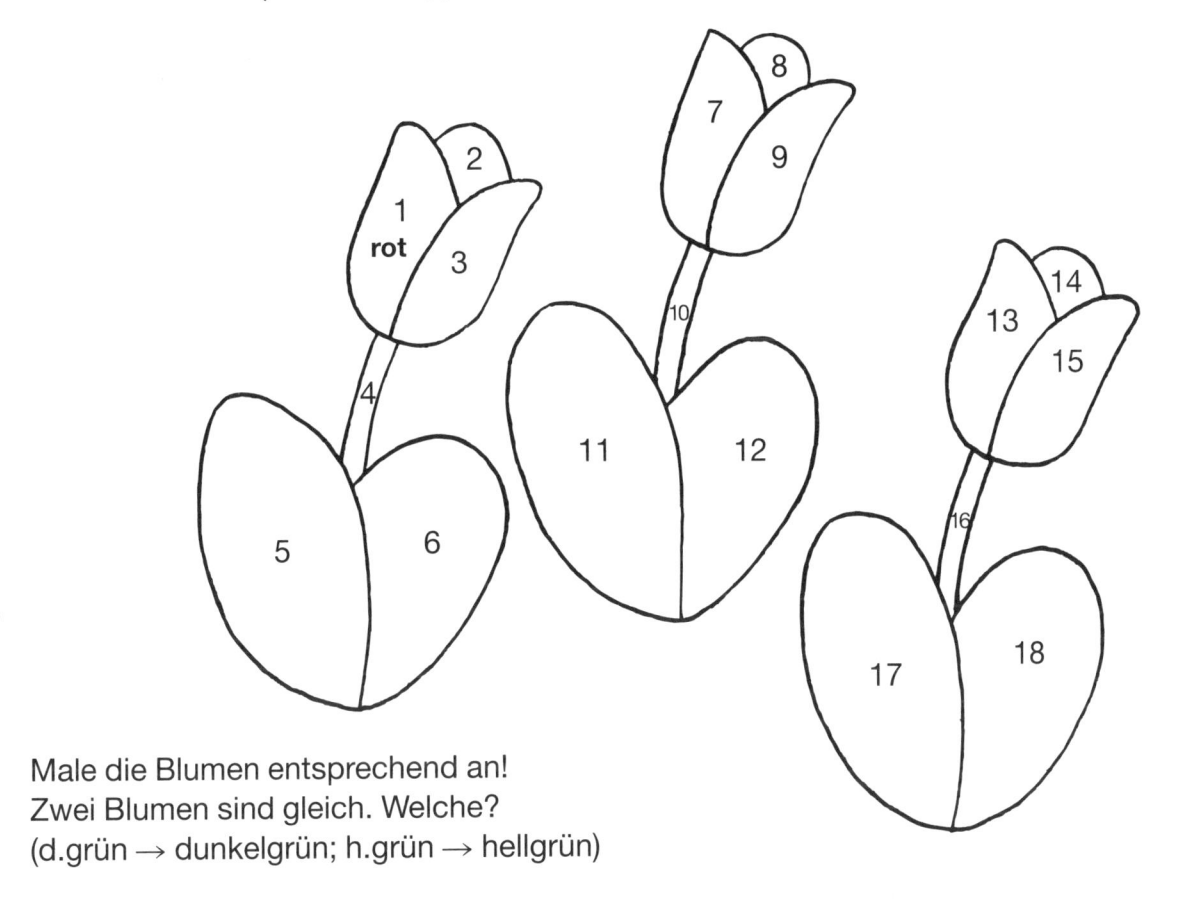

Male die Blumen entsprechend an!
Zwei Blumen sind gleich. Welche?
(d.grün → dunkelgrün; h.grün → hellgrün)

Feld	Artikel		Nomen (Namenwort) und Farbe
1	der	→	**Wald (rot),** Wiese (blau), Wetter (gelb)
2	die	→	Zahn (rot), Zaun (braun), Zahl (rosa)
3	das	→	Maus (rot), Maschine (rosa), Zeugnis (gelb)
4	der	→	Blume (d.grün), Brief (braun), Boot (h.grün)
5	die	→	Bank (h.grün), Boden (blau), Blatt (rosa)
6	das	→	Butter (rot), Buch (d.grün), Bus (blau)
7	der	→	Abend (rot), Angst (braun), Antwort (gelb)
8	die	→	Glas (rot), Geld (d.grün), Glocke (rosa)
9	das	→	Hand (blau), Gras (gelb), Hals (rosa)
10	der	→	Glück (gelb), Hase (braun), Gold (rot)
11	die	→	Menge (h.grün), Mensch (gelb), Mund (rot)
12	das	→	Kopf (h.grün), Kreuz (d.grün), Krieg (rot)
13	der	→	Herz (gelb), Herr (rot), Heft (d.grün)
14	die	→	Natur (rosa), Name (rot), Nagel (gelb)
15	das	→	Opa (rosa), Oma (braun), Nest (gelb)
16	der	→	Ohr (rosa), Onkel (braun), Pferd (gelb)
17	die	→	Sonntag (h.grün), Sommer (gelb), Schere (d.grün)
18	das	→	Tomate (h.grün), Verkehr (gelb), Telefon (d.grün)

Lösungen:

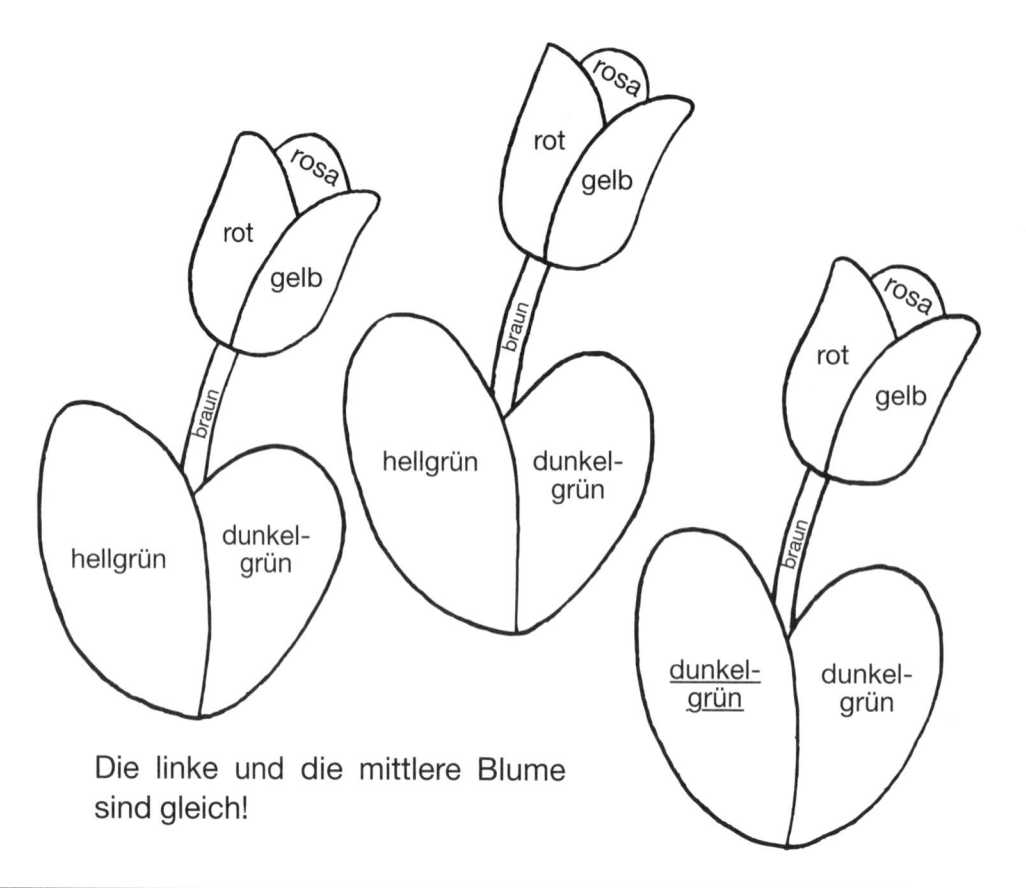

Die linke und die mittlere Blume sind gleich!

Feld	Artikel		Nomen (Namenwort) und Farbe
1	der	→	**Wald (rot),** Wiese (blau), Wetter (gelb)
2	die	→	Zahn (rot), Zaun (braun), **Zahl (rosa)**
3	das	→	Maus (rot), Maschine (rosa), **Zeugnis (gelb)**
4	der	→	Blume (d.grün), **Brief (braun),** Boot (h.grün)
5	die	→	**Bank (h.grün),** Boden (blau), Blatt (rosa)
6	das	→	Butter (rot), **Buch (d.grün),** Bus (blau)
7	der	→	**Abend (rot),** Angst (braun), Antwort (gelb)
8	die	→	Glas (rot), Geld (d.grün), **Glocke (rosa)**
9	das	→	Hand (blau), **Gras (gelb),** Hals (rosa)
10	der	→	Glück (gelb), **Hase (braun),** Gold (rot)
11	die	→	**Menge (h.grün),** Mensch (gelb), Mund (rot)
12	das	→	Kopf (h.grün), **Kreuz (d.grün),** Krieg (rot)
13	der	→	Herz (gelb), **Herr (rot),** Heft (d.grün)
14	die	→	**Natur (rosa),** Name (rot), Nagel (gelb)
15	das	→	Opa (rosa), Oma (braun), **Nest (gelb)**
16	der	→	Ohr (rosa), **Onkel (braun),** Pferd (gelb)
17	die	→	Sonntag (h.grün), Sommer (gelb), **Schere (d.grün)**
18	das	→	Tomate (h.grün), Verkehr (gelb), **Telefon (d.grün)**

Spielregel:

- Richtiges Nomen zum vorgegebenen Artikel finden.
- Angegebenes Feld entsprechend der Farbangabe einfärben.
- Selbstkontrolle: durch Vergleichen.

Wortarten unterscheiden

Kreuze die richtige Wortart an!

Wort	Nomen Namenwort	Adjektiv Wie-Wort	Verb Tu-Wort	Artikel Begleiter
UHR	~~Alt~~	Jung	Groß	Klein
SCHARF	blei-	wer-	sein	ist
DER	im-	oder	ben	den
ZEIT	wol-	wa-	mer	et-
REGEN	len	wa-	lei-	rum
VERSTEHEN	der	we-	al-	arm
FINDEN	ge-	im	le,	gen
SELTEN	bald	alt	gen	aus
DIE	lau-	wo	über	sein
EWIG	ist	will	fen	um
GEMÜSE	nie-	ru-	so-	je
MEINEN	fen!	de!	mand!	fa!

Lösungsspruch:

| ALT | | | | | | |

Aus: Krampe/Mittelmann: Grammatik-Übungsspiele für die Klasse 2

Lösungen:

Wort	Nomen Namenwort	Adjektiv Wie-Wort	Verb Tu-Wort	Artikel Begleiter
UHR	(Alt)	Jung	Groß	Klein
SCHARF	blei-	(wer-)	sein	ist
DER	im-	oder	ben	(den)
ZEIT	(wol-)	wa-	mer	et-
REGEN	(len)	wa-	lei-	rum
VERSTEHEN	der	we-	(al-)	arm
FINDEN	ge-	im	(le,)	gen
SELTEN	bald	(alt)	gen	aus
DIE	lau-	wo	über	(sein)
EWIG	ist	(will)	fen	um
GEMÜSE	(nie-)	ru-	so-	je
MEINEN	fen!	de!	(mand!)	fa!

Lösungsspruch:

| ALT | WER- | DEN | WOL- | LEN | AL- | LE, |

| ALT | SEIN | WILL | NIE- | MAND! |

Spielregel:
- Die richtige Antwort ankreuzen.
- Diese Silben (bzw. Wörter) unter „Lösungsspruch" notieren.
- Selbstkontrolle: Lösungssatz.

Wortarten unterscheiden (gemischt)

Trage das Wort an der richtigen Stelle ein!

BLAU
BRINGEN
FAMILIE   LEICHT   KENNEN   BRENNEN
ERDE   LUSTIG   PFERD   STILL
FARBE   PLATZ   TEIL
FINDEN   MARKT
             METER   WANDERN
        GELB
        GESUND
                  NENNEN

Nomen:

Verben:

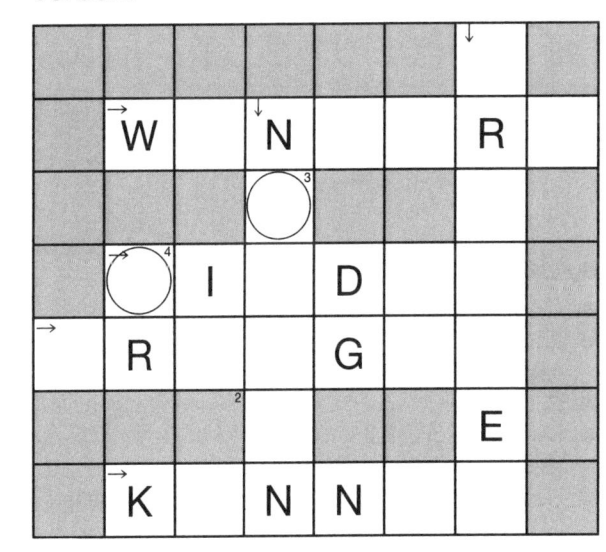

Adjektive:

Lösungswort:

Aus: Krampe/Mittelmann: Grammatik-Übungsspiele für die Klasse 2
Verlag Ludwig Auer, Donauwörth · Als Kopiervorlage freigegeben

KREUZWORTRÄTSEL 1.5.1.2

Lösungen:

Nomen:

		F	A	R	B	E
P	L	A	T	Z		
F		M	A	R	K	T
E		I		E		E
R		L		R		I
D		I		D		L
	M	E	T	E	R	

Verben:

					B	
	W	A	N	D	E	R	N
			E		E	
		F	I	N	D	E	N
B	R	I	N	G	E	N
			E		E	
K	E	N	N	E	N

Adjektive:

G	E	S	U	N	D	
E		T				
L	E	I	C	H	T	
B		L	U	S	T	I	G
	B	L	A	U		

Lösungswort:

| E | L | E | F | A | N | T |

Spielregel:

- Wörter aus dem Herz entnehmen.
- An passender Stelle im richtigen Gitter eintragen; je Buchstabe 1 Kästchen; Leserichtung von links nach rechts bzw. von oben nach unten.
- Buchstaben in den Kreisfeldern in der richtigen Reihenfolge unter „Lösungswort" eintragen.
- Selbstkontrolle: Buchstabenzahl = Kästchenzahl; Kontrolle einzelner Buchstaben am Schnittpunkt waagerecht und senkrecht notierter Wörter; Lösungswort.
- Hinweis: nur große Blockbuchstaben in Gitterkästchen notieren.

Wortarten unterscheiden (gemischt)

Bestimme die richtige Wortart!

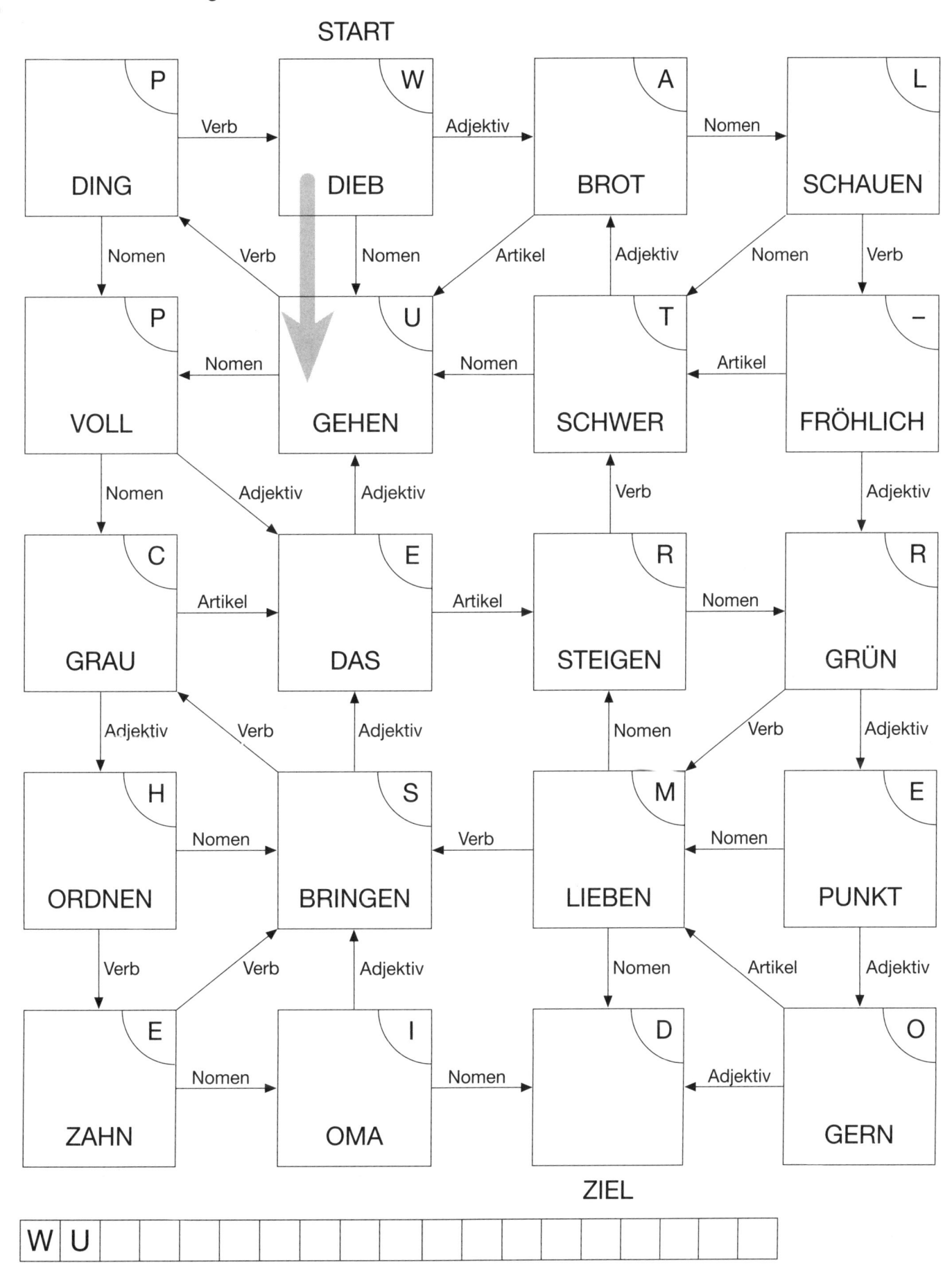

START

P — DING	W — DIEB	A — BROT	L — SCHAUEN
P — VOLL	U — GEHEN	T — SCHWER	– — FRÖHLICH
C — GRAU	E — DAS	R — STEIGEN	R — GRÜN
H — ORDNEN	S — BRINGEN	M — LIEBEN	E — PUNKT
E — ZAHN	I — OMA	D — ?	O — GERN

ZIEL

W	U														

Aus: Krampe/Mittelmann: Grammatik-Übungsspiele für die Klasse 2
Verlag Ludwig Auer, Donauwörth · Als Kopiervorlage freigegeben

JA-NEIN-SPIEL 1.5.1.3

Lösungen:

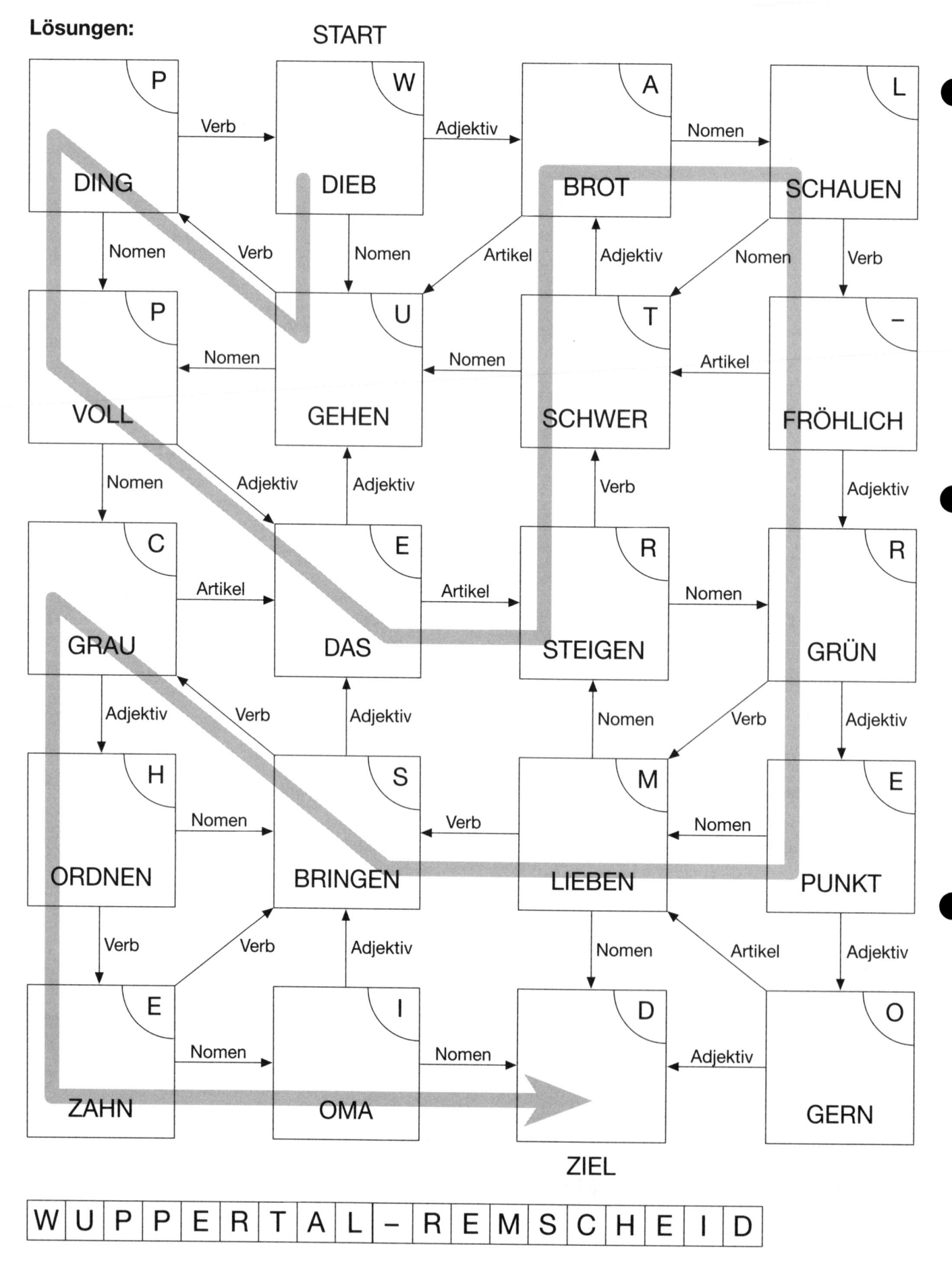

START → DIEB (W) → GEHEN (U) → DING (P) → VOLL (P) → GRAU (C) → ORDNEN (H) → ZAHN (E) → BRINGEN (S) → DAS (E) → STEIGEN (R) → SCHWER (T) → BROT (A) → SCHAUEN (L) → FRÖHLICH (−) → GRÜN (R) → PUNKT (E) → LIEBEN (M) → OMA (I) → ZIEL → GERN (O) → D

W	U	P	P	E	R	T	A	L	–	R	E	M	S	C	H	E	I	D

Spielregel:

- Die richtige Wortart bestimmen.
- Dem entsprechenden Pfeil folgen.
- Einzelne Buchstaben in den Lösungskästchen unter dem Rätsel eintragen.
- Selbstkontrolle: 2 Städtenamen.

Wortarten unterscheiden

Sortiere nach Nomen (Namenwörtern) und Verben (Tuwörtern)! Ordne dann nach dem Abc!

Nomen A… B… … Z…		Verben A… D… … Z…		

Puzzleteile:

ECKEN	ERZÄHLEN	RETTEN	SPRICHT	ZEIGEN
KAUFEN	LÄUFT	AUFRÄUMEN	DANKEN	FEHLEN
NAMEN	WEIHNACHTEN	MELDEN	SCHLITTEN	ZEIGER
FEHLER	GEHT	ARBEIT	HELFE	BRÖTCHEN

Lösungen:

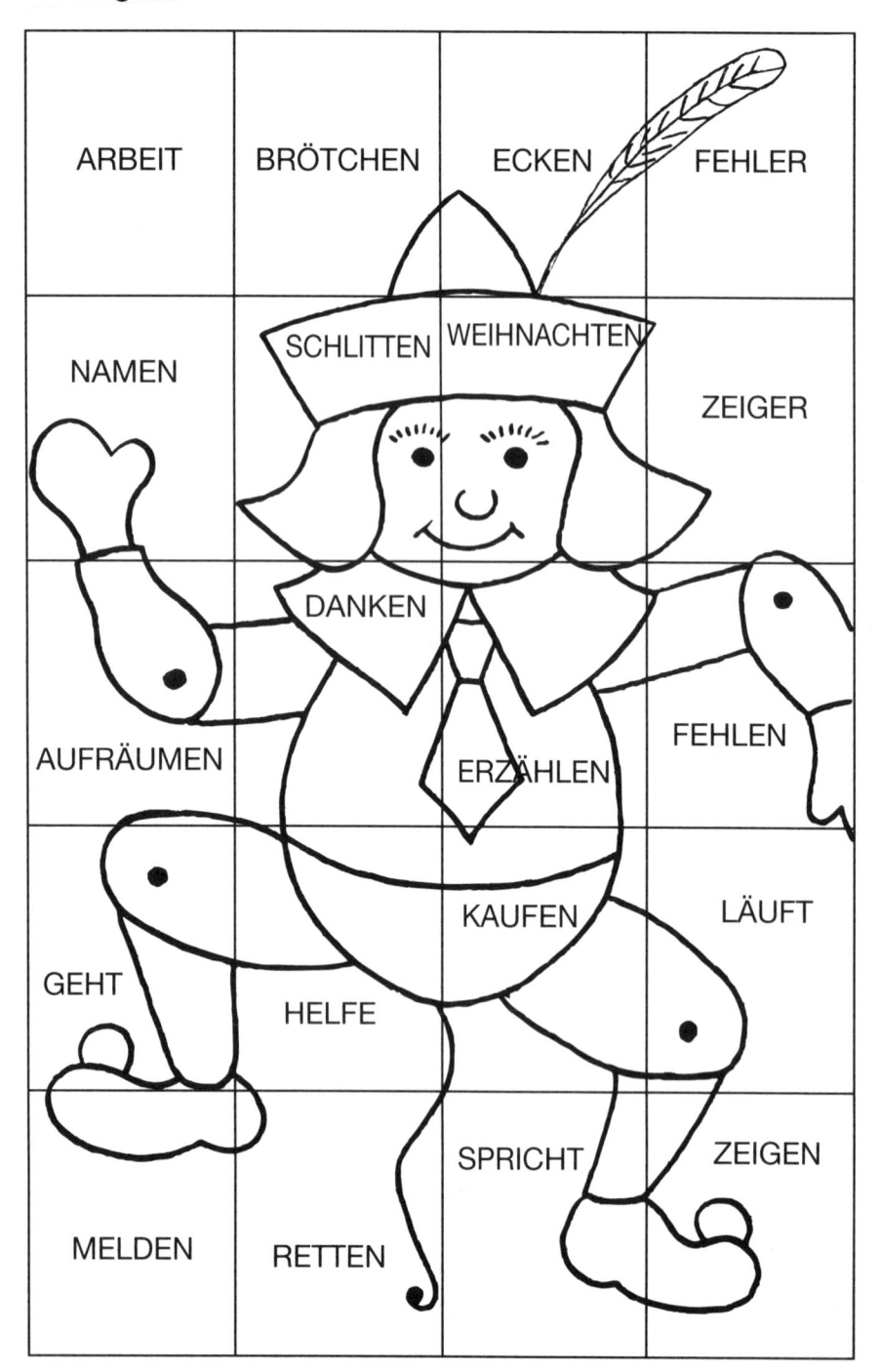

ARBEIT	BRÖTCHEN	ECKEN	FEHLER
NAMEN	SCHLITTEN	WEIHNACHTEN	ZEIGER
AUFRÄUMEN	DANKEN	ERZÄHLEN	FEHLEN
GEHT	HELFE	KAUFEN	LÄUFT
MELDEN	RETTEN	SPRICHT	ZEIGEN

Spielregel:
- Aufgabenstellung lösen.
- Puzzleteile ausschneiden.
- Passende Puzzleteile auf Spielplan auflegen.
- Selbstkontrolle: Bild.
- Tip: Fertiges Bild aufkleben und ausmalen.

Wortarten unterscheiden

Entscheide, ob das Wort ein Nomen (Namenwort), Verb (Tuwort), Adjektiv (Wiewort) oder Artikel (Begleiter) ist! Verbinde die Punkte entsprechend!

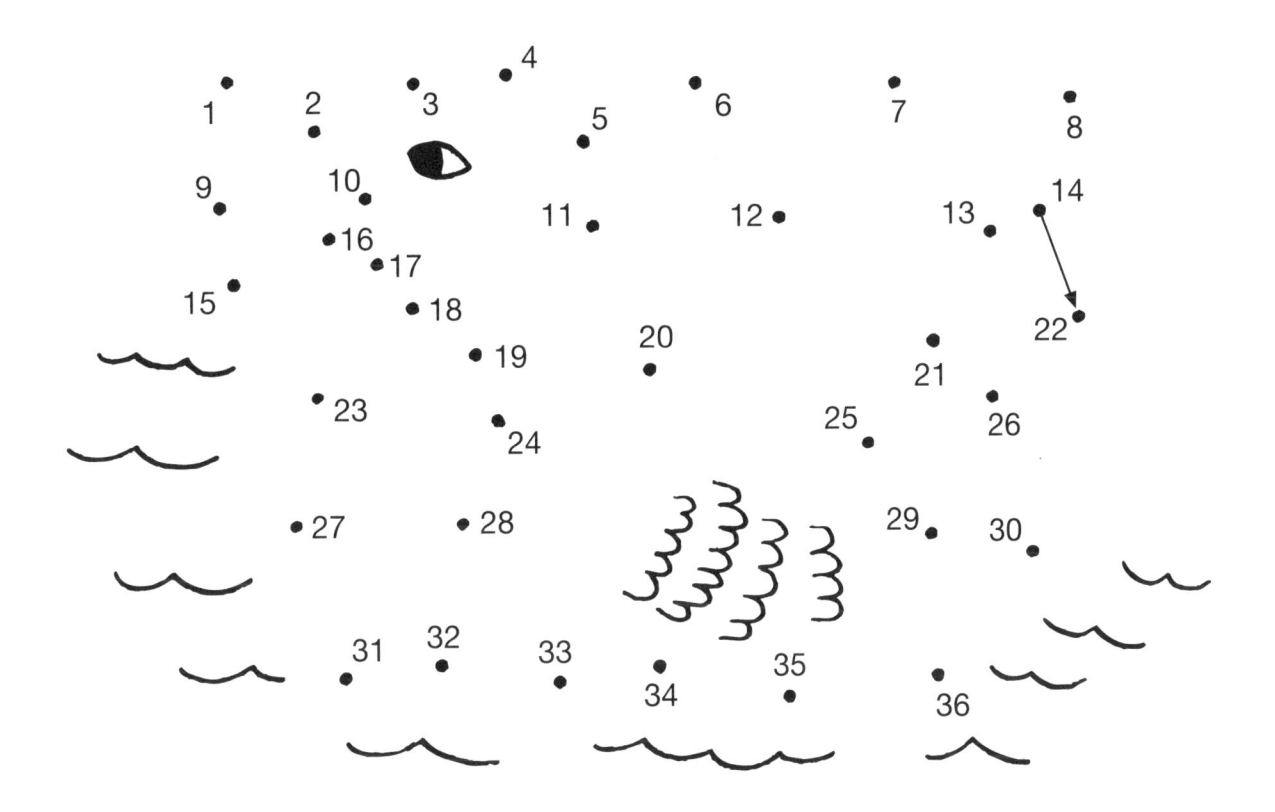

	Nomen	Verb	Adjektiv	Artikel
BADEN	13	**14**	15	16
RUHIG	20	21	**22**	23
RUHE	30	31	32	33
DAS	33	34	35	36
LEICHT	33	34	35	36
LICHT	34	35	36	30
FREUND	33	34	35	36
DER	29	30	31	32
SIEHT	30	31	32	33
ÄRGERN	26	27	28	29
ÄRGER	23	24	25	26
WACHSEN	17	18	19	20
WACH	15	16	17	18

	Nomen	Verb	Adjektiv	Artikel
DEN	12	13	14	15
DIE	13	14	15	16
GUT	7	8	9	10
BESSER	8	9	10	11
GARTEN	3	4	5	6
TRÄGT	3	4	5	6
FREUNDLICH	3	4	5	6
DEM	8	9	10	11
ANGST	19	20	21	22
WIRFT	23	24	25	26
FREUEN	19	20	21	22
FREUDE	21	22	23	24
FERIEN	14	13	15	16

Aus: Krampe/Mittelmann: Grammatik-Übungsspiele für die Klasse 2
Verlag Ludwig Auer, Donauwörth · Als Kopiervorlage freigegeben

BILDER AUS PUNKTEN   1.5.1.5

Lösungen:

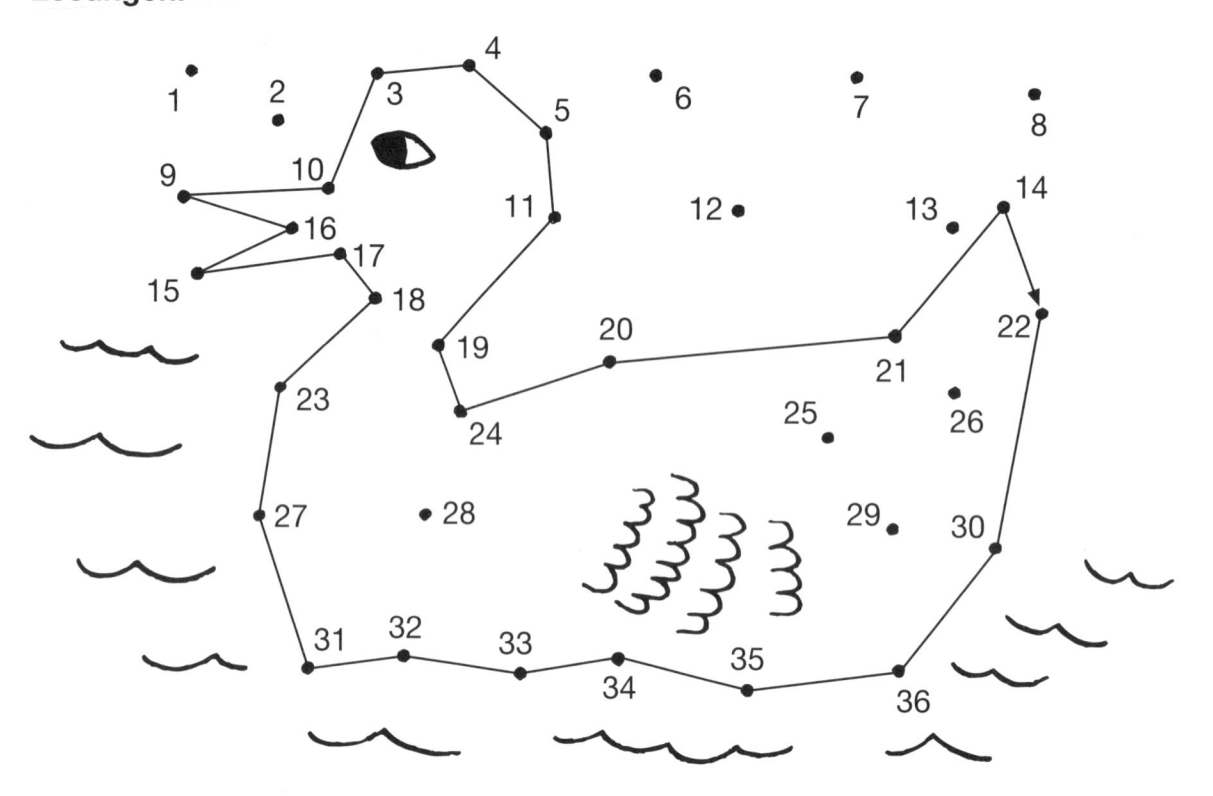

	Nomen	Verb	Adjektiv	Artikel
BADEN	13	**14**	15	16
RUHIG	20	21	**22**	23
RUHE	**30**	31	32	33
DAS	33	34	35	**36**
LEICHT	33	34	**35**	36
LICHT	**34**	35	36	30
FREUND	**33**	34	35	36
DER	29	30	31	**32**
SIEHT	30	**31**	32	33
ÄRGERN	26	**27**	28	29
ÄRGER	**23**	24	25	26
WACHSEN	17	**18**	19	20
WACH	15	16	**17**	18

	Nomen	Verb	Adjektiv	Artikel
DEN	12	13	14	**15**
DIE	13	14	15	**16**
GUT	7	8	**9**	10
BESSER	8	9	**10**	11
GARTEN	**3**	4	5	6
TRÄGT	3	**4**	5	6
FREUNDLICH	3	4	**5**	6
DEM	8	9	10	**11**
ANGST	**19**	20	21	22
WIRFT	23	**24**	25	26
FREUEN	19	**20**	21	22
FREUDE	**21**	22	23	24
FERIEN	**14**	13	15	16

Spielregel:

- Gestellte Aufgabe lösen.
- Bildpunkte (Kreuzchen) der zugeordneten Lösungszahlen miteinander verbinden.
- Selbstkontrolle: ein Bild.

Wortarten unterscheiden

Entscheide, ob die Wörter mit Zahlen Nomen (Namenwörter), Verben (Tuwörter), Adjektive (Wiewörter) oder Artikel (Begleiter) sind!

Male dann die entsprechenden Felder so an: Nomen → rot
Verben → gelb
Adjektive → grün
Artikel → blau

Welche beiden Clowns sind dann gleich?

Ingo benutzt oft das alte Fahrrad seines großen Bruders.
13→N   15   1   18   2   7   28

Heute kommt er damit auf den Schulhof gefahren.
             3   20   8   25

Auf der Lenkstange sitzt seine kleine Schwester und schreit.
        23   19   21   31   17   22

Der Lehrer hält ihn auf und fragt:
  9   24   32   10

„Warum nimmst du deine Schwester auf dem Fahrrad mit, wenn sie so weint?"
     4   6   12   27   11

Da antwortet Ingo: „Ach, die blöde Klingel geht nicht.
           14   5   29   30   16   26

Und so hört mich wenigstens jeder!"
          33

Beispiel: Ingo → Nomen → Fläche 13 → rot

Aus: Krampe/Mittelmann: Grammatik-Übungsspiele für die Klasse 2
Verlag Ludwig Auer, Donauwörth · Als Kopiervorlage freigegeben

AUSMALEN   1.5.1.6

Lösungen:

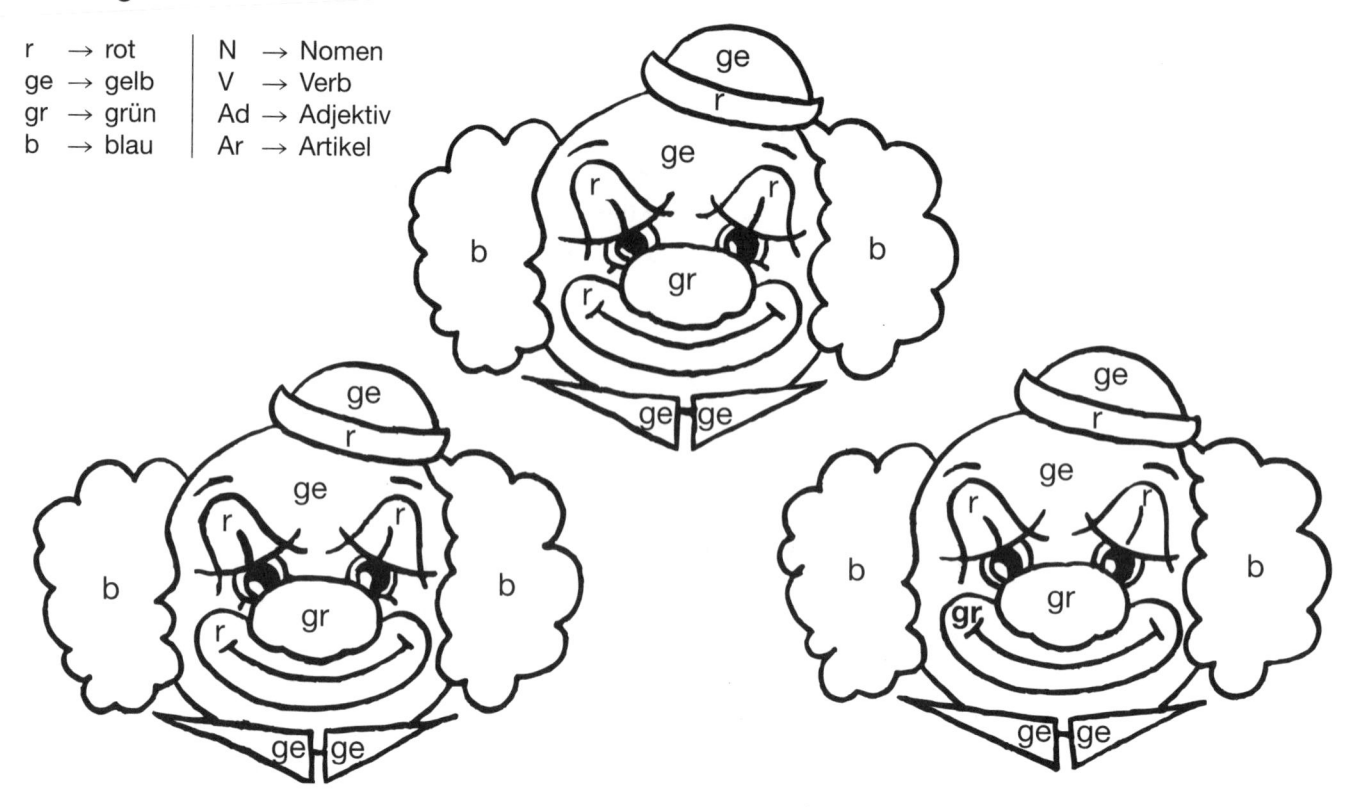

r → rot	N → Nomen
ge → gelb	V → Verb
gr → grün	Ad → Adjektiv
b → blau	Ar → Artikel

Ingo benutzt oft das alte Fahrrad seines großen Bruders.
13→N 15→V   1→Ar 18→Ad 2→N   7→Ad   28→N

Heute kommt er damit auf den Schulhof gefahren.
     3→V   20→Ar 8→N   25→V

Auf der Lenkstange sitzt seine kleine Schwester und schreit.
   23→Ar   19→N   21→V   31→Ad   17→N   22→V

Der Lehrer hält ihn auf und fragt:
9→Ar 24→N 32→V   10→V

„Warum nimmst du deine Schwester auf dem Fahrrad mit, wenn sie so weint?"
       4→V   6→N   12→Ar 27→N   11→V

Da antwortet Ingo: „Ach, die blöde Klingel geht nicht.
    14→V 5→N   29→Ar 30→Ad 16→N 26→V

Und so hört mich wenigstens jeder!"
       33→V

Der rechte Clown unterscheidet sich von den beiden anderen!

Spielregel:

- Gestellte Aufgabe lösen.
- Lösungszahl im Bildteil suchen und nach Anweisung einfärben.
- Selbstkontrolle: durch Vergleichen.

Satzformen: Satzzeichen (Punkt, Fragezeichen, Ausrufungszeichen)

Welches Satzzeichen ist richtig? Notiere es im Kreis und male im Bild entsprechend aus!

	.	!	?
1. Jeden Abend ist Opa müde (.)	(38)	(1)	(36)
2. Können Löwen sprechen ○	(41)	(18)	(32)
3. Drei Hexen kochen Grießbrei ○	(8)	(33)	(35)
4. Alle Mann an Bord ○	(6)	(9)	(39)
5. Warum haben Lügen kurze Beine ○	(30)	(28)	(10)
6. Kreuz und quer stapft der Bär ○	(4)	(31)	(40)
7. Vorsicht vor dem Hund ○	(7)	(14)	(27)
8. Wo liegt Köln am Rhein ○	(2)	(11)	(15)
9. Angeln verboten ○	(21)	(17)	(29)
10. Uschi und Gabi singen vergnügt ○	(19)	(25)	(23)
11. Ohne Schnee kann man schlecht Schlitten fahren ○	(20)	(12)	(13)
12. Wie groß können Bäume werden ○	(3)	(24)	(5)
13. Kinder spielen gerne ○	(26)	(16)	(22)

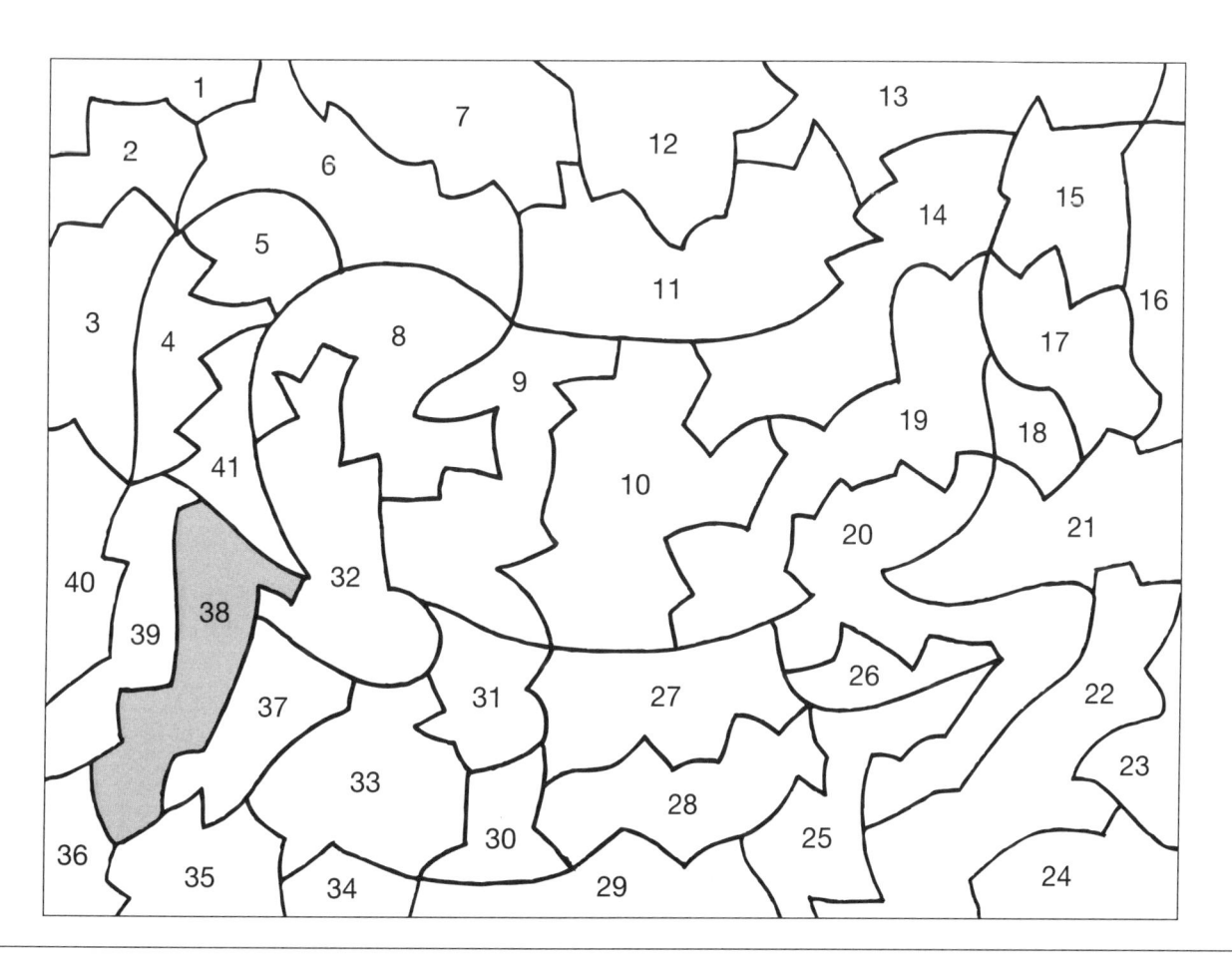

Aus: Krampe/Mittelmann: Grammatik-Übungsspiele für die Klasse 2
Verlag Ludwig Auer, Donauwörth · Als Kopiervorlage freigegeben

AUSMALEN 2.1.1

Lösungen:

	.	!	?
1. Jeden Abend ist Opa müde (.)	(38)	(1)	(36)
2. Können Löwen sprechen (?)	(41)	(18)	(32)
3. Drei Hexen kochen Grießbrei (.)	(8)	(33)	(35)
4. Alle Mann an Bord (!)	(6)	(9)	(39)
5. Warum haben Lügen kurze Beine (?)	(30)	(28)	(10)
6. Kreuz und quer stapft der Bär (.)	(4)	(31)	(40)
7. Vorsicht vor dem Hund (!)	(7)	(14)	(27)
8. Wo liegt Köln am Rhein (?)	(2)	(11)	(15)
9. Angeln verboten (!)	(21)	(17)	(29)
10. Uschi und Gabi singen vergnügt (.)	(19)	(25)	(23)
11. Ohne Schnee kann man schlecht Schlitten fahren (.)	(20)	(12)	(13)
12. Wie groß können Bäume werden (?)	(3)	(24)	(5)
13. Kinder spielen gerne (.)	(26)	(16)	(22)

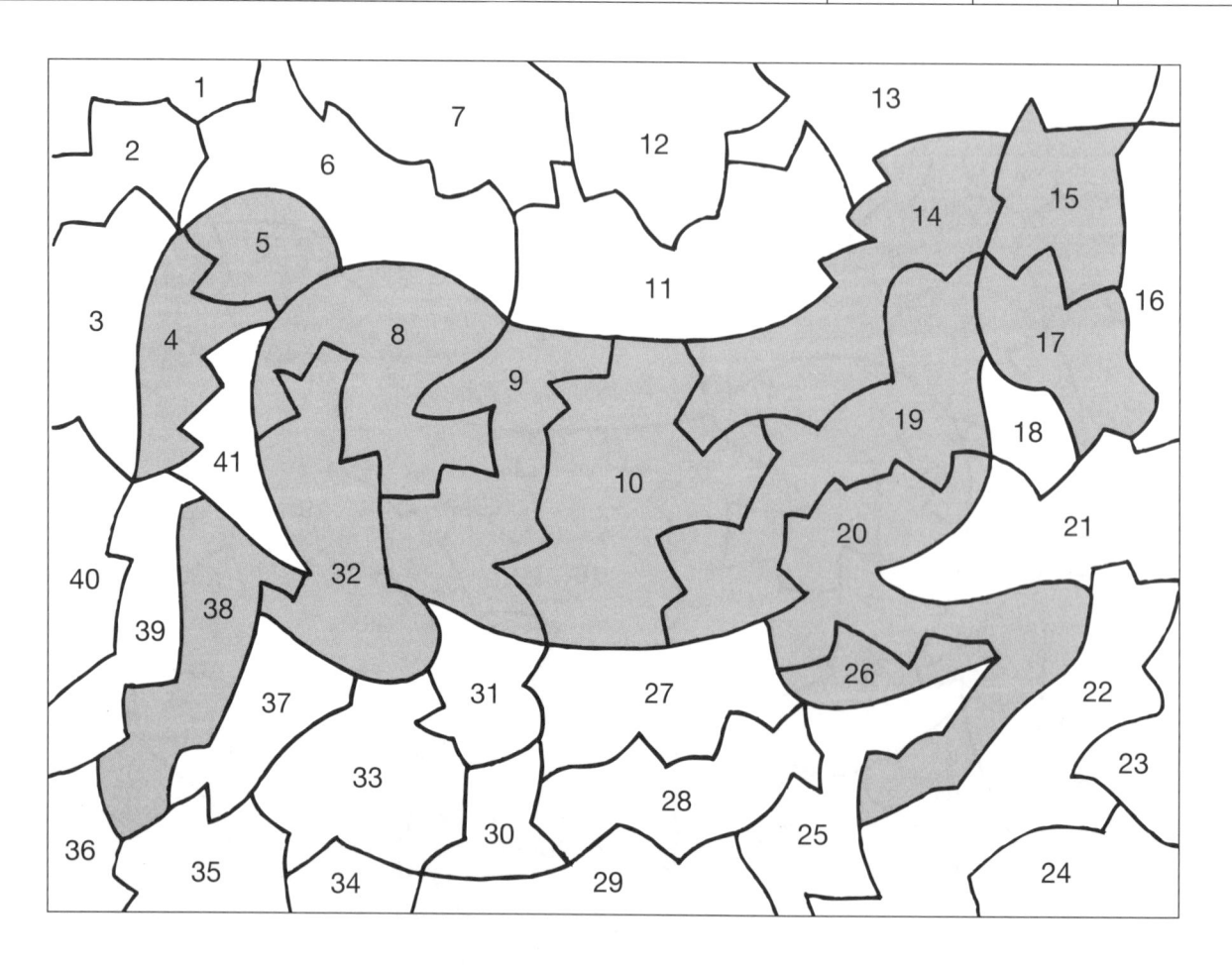

Spielregel:
- Gestellte Aufgabe lösen.
- Lösungszahlen im Bildteil suchen und anmalen.
- Selbstkontrolle: Bildfigur.

Satzarten unterscheiden

Sentence cards		
Komm mal her ○	Hör auf deine Mutter ○	
Was ist euer Lieblingsfach ○	Wann mußt du in die Schule ○	Bist du schon 8 Jahre alt ○
Das Fach „Sprache" ist schön ○	Auf der Straße muß man aufpassen ○	Viele Autos fahren zu schnell ○
	Paß auf der Straße auf ○	Wie spät ist es ○
	Oh, wie ist das schön ○	Es ist schon 10 Uhr ○
		Wieviel sind 4 mal 4 ○
		4 mal 4 sind 16 ○

Satzart-Kärtchen:

- ! Ausrufesatz / Befehlssatz / Aufforderung
- ! Ausrufesatz / Befehlssatz / Aufforderung
- ! Ausrufesatz / Befehlssatz / Aufforderung
- ! Ausrufesatz / Befehlssatz / Aufforderung
- ? Fragesatz
- ? Fragesatz
- ? Fragesatz
- ? Fragesatz
- ? Fragesatz
- . Aussagesatz
- . Aussagesatz
- . Aussagesatz
- . Aussagesatz
- . Aussagesatz
- . Aussagesatz
- . Aussagesatz

Lege die Kärtchen verdeckt und nach Formen geordnet aus!
Ziehe immer gleichzeitig ein Rechteck und ein Quadrat!
Passen Satz und Satzartkärtchen zusammen? Dann darfst Du das Kartenpaar behalten!

Aus: Krampe/Mittelmann: Grammatik-Übungsspiele für die Klasse 2
Verlag Ludwig Auer, Donauwörth · Als Kopiervorlage freigegeben

Spielregel:
- Memoryteile ausschneiden.
- Teile verdeckt und nach Formen getrennt auslegen.
- Gleichzeitig ein Quadrat und ein Rechteck aufdecken.
- Prüfen, ob diese Teile im Sinne der Aufgabenstellung zusammenpassen; wenn ja, sind die Teile vom Spieler gewonnen, wenn nein: Teile genau an ihren Platz verdeckt zurücklegen.
- Kontrolle: durch Mitspieler.
  Selbstkontrolle: eindeutige paarweise Zuordnung (Strichcode).
- Tip: Partnerspiel: Sieger ist, wer die meisten Kartenpaare gewinnt.
- Tip: Memoryteile auf Pappe kleben.

Satzarten unterscheiden

Bestimme Satzart und Satzzeichen! So erhältst Du immer einen Buchstaben für das Lösungswort.

A	Aussagesatz .	Fragesatz ?	Aufforderung !
„Ich habe eine Mark gefunden ○."	**K**	Q	Z
„Wo hast du sie denn gefunden ○"	R	L	A
„Auf dem Schulhof war das ○"	A	S	P
„Das ist ja großartig ○	L	I	S
Da habe ich heute eine verloren ○	S	L	N
Es ist sicher meine Mark ○	E	A	O
Gib sie her ○"	M	F	N
„Nun mach mal langsam ○	A	R	F
Willst du mich betrügen ○	N	A	P
Es waren nämlich 2 Fünfzigpfennigstücke ○"	H	N	U
„Ach, so ist das ○	I	E	R
Dann wird die Mark beim Herunterfallen wohl zerbrochen sein ○"	T	N	S

Lösungswort: K _ _ _ _ _ _ _ _ _ _ _ _

B	.	?	!
Frank kommt stolz aus der Schule ○	M	S	H
Vater trifft ihn schon an der Tür ○	A	P	U
„Was ist denn los ○"	R	T	N
„Wir haben heute zum ersten Mal mit Computern gerechnet ○"	H	A	D
„Frank, dann erzähl mal ○	D	C	E
Glaubst du, daß ich das auch könnte ○"	H	B	K
„Wir machen einen Test ○	U	E	A
Paß auf ○	N	M	C
Wieviel geben 12 Computer und 7 Computer ○"	E	H	S

Lösungswort: _ _ _ _ _ _ _ _ _

Aus: Krampe/Mittelmann: Grammatik-Übungsspiele für die Klasse 2
Verlag Ludwig Auer, Donauwörth · Als Kopiervorlage freigegeben

GEHEIMSCHRIFT 2.1.3

Lösungen:

A	Aussage-satz .	Frage-satz ?	Auf-forderung !
„Ich habe eine Mark gefunden ◯."	**K**	Q	Z
„Wo hast du sie denn gefunden ◯?"	R	**L**	A
„Auf dem Schulhof war das ◯."	**A**	S	P
„Das ist ja großartig ◯	L	I	**S**
Da habe ich heute eine verloren ◯.	**S**	L	N
Es ist sicher meine Mark ◯.	**E**	A	O
Gib sie her ◯."	M	F	**N**
„Nun mach mal langsam ◯	A	R	**F**
Willst du mich betrügen ◯?	N	**A**	P
Es waren nämlich 2 Fünfzigpfennigstücke ◯."	**H**	N	U
„Ach, so ist das ◯	I	E	**R**
Dann wird die Mark beim Herunterfallen wohl zerbrochen sein ◯."	**T**	N	S

Lösungswort: K L A S S E N F A H R T

B	.	?	!
Frank kommt stolz aus der Schule ◯.	**M**	S	H
Vater trifft ihn schon an der Tür ◯.	**A**	P	U
„Was ist denn los ◯?"	R	**T**	N
„Wir haben heute zum ersten Mal mit Computern gerechnet ◯."	**H**	A	D
„Frank, dann erzähl mal ◯	D	C	**E**
Glaubst du, daß ich das auch könnte ◯?	H	**B**	K
„Wir machen einen Test ◯.	**U**	E	A
Paß auf ◯	N	M	**C**
Wieviel geben 12 Computer und 7 Computer ◯?"	E	**H**	S

Lösungswort: M A T H E B U C H

Spielregel:
- Aufgabenstellung lösen.
- Richtiges Satzzeichen im Kreis notieren.
- Entsprechenden Lösungsbuchstaben im Spiel unter „Lösungswort" notieren.
- Selbstkontrolle: Lösungswort.

Rechenspaß mit Rechenspielen – Mathematik leicht gemacht

Krampe, Mittelmann
Rechenspiele für die Klassen 1/2
Mit 76 Kopiervorlagen
Best.-Nr. **1488**

Krampe, Mittelmann
Rechenspiele für die Klassen 3/4
Mit 75 Kopiervorlagen
Best.-Nr. **1495**

Krampe, Mittelmann, Kern
Schülergerechter Mathematikunterricht in den Klassen 1/2
Erprobte Entwürfe und Beispiele.
192 Seiten. Kartoniert
Best.-Nr. **1456**

Krampe, Mittelmann
Schülergerechter Mathematikunterricht in den Klassen 3/4
Erprobte Entwürfe und Beispiele.
224 Seiten. Kartoniert
Best.-Nr. **1476**

Krampe, Mittelmann
Rechenspiele für die Klasse 1
Mit 42 Kopiervorlagen
(Ergänzungslieferung)
Best.-Nr. **1600**

Krampe, Mittelmann
Rechenspiele für die Klasse 2
Mit 37 Kopiervorlagen
(Ergänzungslieferung)
Best.-Nr. **1613**

Krampe, Mittelmann
Rechenspiele für die Klasse 3
Mit 36 Kopiervorlagen
(Ergänzungslieferung)
Best.-Nr. **1667**

Krampe, Mittelmann
Rechenspiele für die Klasse 4
Mit 41 Kopiervorlagen
(Ergänzungslieferung)
Best.-Nr. **1775**

Krampe, Mittelmann
Rechenübungsspiele zum Zehnerübergang für die Klassen 1 und 2
Mit 50 Kopiervorlagen
Best.-Nr. **1937**

Krampe, Mittelmann
Rechenübungsspiele zum 1×1 für die Klassen 2 und 3
Mit 50 Kopiervorlagen
Best.-Nr. **1938**

BESTELLCOUPON

Ich/Wir bestelle(n) zu den Bezugsbedingungen des Verlags

Anzahl	Best.-Nr.	Autor, Kurztitel

Datum

Unterschrift

Bitte Absender umseitig nicht vergessen!

Bestellcoupon ausschneiden oder einfach kopieren!

Verlag Ludwig Auer

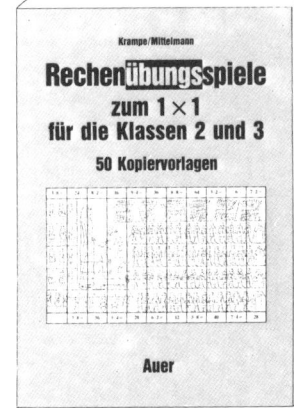

Postfach 1152, 86601 Donauwörth, Telefon 0906/73-2 40
Calvisiusstraße 17, 04177 Leipzig, Telefon 0341/441 48 64
Hannöversche Str. 24, 44143 Dortmund, Telefon 0231/59 97 17

Rechenspaß mit Rechenspielen – Mathematik leicht gemacht

Krampe, Mittelmann
Rechenübungsspiele zur schriftlichen Addition und Subtraktion
Mit 50 Kopiervorlagen
Best.-Nr. **2009**

Krampe, Mittelmann
Rechenübungsspiele zur Addition und Subtraktion bis 100
Mit 50 Kopiervorlagen
Best.-Nr. **2151**

Krampe, Mittelmann
Rechenübungsspiele zur mündlichen Addition und Subtraktion bis 1000
Mit 50 Kopiervorlagen
Best.-Nr. **2248**

Krampe, Mittelmann
Rechenspiele für die Klasse 5
Mit 50 Kopiervorlagen
Best.-Nr. **1780**

Krampe, Mittelmann
Rechenspiele für die Klasse 6
Mit 50 Kopiervorlagen.
Best.-Nr. **1820**

Krampe, Mittelmann
Rechenspiele für die Klasse 7
Mit 50 Kopiervorlagen.
Best.-Nr. **1886**

Krampe, Mittelmann
Schülergerechter Mathematikunterricht in den Klassen 5/6
Erprobte Entwürfe und Beispiele.
208 Seiten. Kartoniert.
Best.-Nr. **1377**

Bitte ausschneiden und über Ihre Buchhandlung einsenden an:

**Verlag Ludwig Auer
Postfach 1152**

86601 Donauwörth

Meine Anschrift lautet:

_____
Vorname

_____
Name

_____
Straße

_____
Ort

Deutsch macht Spaß mit neuen Spielen!

Krampe, Mittelmann
Rechtschreibspiele für die Klasse 2
50 Kopiervorlagen zum Grundwortschatz.
Best.-Nr. **1972**

Krampe, Mittelmann
Rechtschreibspiele für die Klasse 3
50 Kopiervorlagen zum Grundwortschatz.
Best.-Nr. **2064**

Krampe, Mittelmann
Rechtschreibspiele für die Klasse 4
50 Kopiervorlagen zum Grundwortschatz.
Best.-Nr. **2065**

Krampe, Mittelmann
Grammatikspiele für die Klassen 3/4
50 Kopiervorlagen zur Sprachbetrachtung.
Best.-Nr. **2325**

Krampe, Mittelmann
Grammatikübungsspiele für die Klasse 2
30 Kopiervorlagen zur Sprachbetrachtung.
Best.-Nr. **2429**

Bitte ausschneiden und über Ihre Buchhandlung einsenden an:

Verlag Ludwig Auer
Postfach 1152

8601 Donauwörth

Meine Anschrift lautet:

Vorname

Name

Straße

Ort

BESTELLCOUPON

Ich/Wir bestelle(n) zu den Bezugsbedingungen des Verlags

Anzahl	Best.-Nr.	Autor, Kurztitel

Datum

Unterschrift

Bitte Absender nicht vergessen!

Bestellcoupon ausschneiden oder einfach kopieren!

Das Übungsprogramm zum Grundwortschatz

Krampe, Mittelmann
**Mein Grundwortschatz in Wochennachschriften –
Ausgabe N**

2. Jahrgangsstufe
Lateinische Ausgangsschrift   Best.-Nr. **1982**
Vereinfachte Ausgangsschrift   Best.-Nr. **1624**
Schulausgangsschrift 1968   Best.-Nr. **2235**
Lehrerheft   Best.-Nr. **1625**

Krampe, Mittelmann
**Mein Grundwortschatz in Wochennachschriften –
Ausgabe N**

3. Jahrgangsstufe
Lateinische Ausgangsschrift   Best.-Nr. **1983**
Vereinfachte Ausgangsschrift   Best.-Nr. **1662**
Schulausgangsschrift 1968   Best.-Nr. **2236**
Lehrerheft   Best.-Nr. **1663**

Krampe, Mittelmann
**Mein Grundwortschatz in Wochennachschriften –
Ausgabe N**

4. Jahrgangsstufe
Lateinische Ausgangsschrift   Best.-Nr. **1984**
Vereinfachte Ausgangsschrift   Best.-Nr. **1698**
Schulausgangsschrift 1968   Best.-Nr. **2237**
Lehrerheft   Best.-Nr. **1712**

Bitte ausschneiden und über Ihre Buchhandlung einsenden an:

**Verlag Ludwig Auer
Postfach 1152**

86601 Donauwörth

Meine Anschrift lautet:

_____
Vorname

_____
Name

_____
Straße

_____
Ort

BESTELLCOUPON
Ich/Wir bestelle(n) zu den Bezugsbedingungen des Verlags

Anzahl	Best.-Nr.	Autor, Kurztitel

_____
Datum

_____
Unterschrift

Bitte Absender nicht vergessen!

Bestellcoupon ausschneiden oder einfach kopieren!

-
-
-
-